超限戦事変

［ハイブリット・ウオー］

孫向文

青林堂

まえがき　5

まえがき

今回は、この本を手に取っていただき、大変ありがとうございます。世界中で新型コロナウイルスが流行し始めた2020年1月から、この本が発売するまでに、僕のＴｗｉｔｔｅｒアカウントのフォロワー数が２万人以上増加しました。

僕が誇りに感じているのは、1月から僕が発信する新型コロナウイルスに関する対策を見て警戒しているフォロワーの中から、いまだにコロナに感染したという報告が一件もないことです。ある著名なフォロワーの方からは「孫向文は新型コロナウイルス情報のインフルエンサーだ」だと公認されています。

僕は、日本の主要メディアよりもいち早く新型コロナウイルスに関する最新情報をフォロワーの方に届けており、それは「日本最速」ではないかと自負しています。現在でもＴｗｉｔｔｅｒやツイキャスなどを利用して、コロナ情報および日本のメディアが報道しない国際情勢の「真実の」情報を無償提供し続けています。

この本を読み終わった後、僕のＴｗｉｔｔｅｒとツイキャスをフォローして最新の情報を知っていただけたら幸いです。

第 1 章

「超限戦」の序幕

新型コロナの生み親の一人？
武漢 P4 ウイルス研究所・石正麗研究員

世界中から糾弾されるテドロス・アダノムWHO事務局長

２０２０年、ＷＨＯ（世界保健機関）のテドロス・アダノム事務局長が、中国政府が改ざんした感染者数と死者数を世界各国に対して公表し、世界各国の政府が対応を遅らせる結果となり、その結果、感染が世界中に拡大するという事態になりました。現在は世界中でテドロス事務局長の辞任を求める声が上がっており、オンライン上の署名は30万人以上から寄せられています。

一方、新型コロナウイルスの発生源について、中国政府が発表した武漢市内の華南海鮮市場で販売されているコウモリやヘビから発見されるコロナウイルスと、ヒトから発見されるコロナウイルスが一致しているという情報は、信憑(しんぴょう)性が疑われています。

なぜなら、武漢の病院から集計したコロナ感染者に関する情報によると、初期感染した４人中３人が海鮮市場には訪れたことがなかったそうです。しかも、その市場で販売されているようなコウモリなどの野生動物を食べた経験は、今までなかったようです。

信憑性高い「武漢Ｐ４実験室からウイルス流出」説

さらに、90人の感染者を調査すると、約45％が海鮮市場を訪れていないことが判明しました。

実は、当時から中国国内では「武漢Ｐ４実験室からウイルスが流出した」、「実は人民解放軍のための人工生物化学兵器」といった説が浮上していました。多くの日本の方々は「陰謀論だ」と嘲笑うかもしれませんが、実はアメリカ、カナダ、フランス、インドなど、各国の生物化学研究者が同様の指摘をしています。

もはや「陰謀論」というレッテルを貼って、全否定して済ませるわけにはいきません。20年2月7日、アメリカ政府が全米の科学者に「武漢の新型コロナウイルスの発生源を追求せよ」と呼びかけました。

武漢Ｐ４実験室の研究員が同僚〝犯人〟を実名で告発

この章では、新型コロナウイルスが「実験室から流出した」という説を裏付ける信憑性の高い情報を紹介します。それは、武漢Ｐ４実験室の現役研究員による実名の内部告発文です。

もともと「Ｐ４」とは「Protection level（防御レベル）４」の略で、自然界に存在するウイルスの中でも、危険度４（1〜４の４段階があります）の最凶レベルのウイルスから人間を守るための実験室のことです。しかし、中国武漢のＰ４実験室は、なぜか自然界に存在せず突然変異から生まれるわけでもない、人工的に改造されたと思われる新型コロナウイルスに対する実験を行っているという証言がありました。実名告発を行った人物は、「武小華」という武漢Ｐ４実験室の現役研究員兼博士です。

告発の起因は、前述のように世界各国のネット民により実験室からウイルスが流出したという説を中国国内のインターネット上に拡散され、中国国民の怒りの矛先は武漢P４実験室の石正麗研究員に向けられました。なぜなら、石研究員は２０１８年に中国国内でコウモリからコロナウイルスを抽出し、新種のコロナウイルスを研究するという講演会を行った経験があるからです。

つまり、石研究員は新種の人工ウイルスを開発した張本人です。しかし、彼女はただちに反論し、自身のＳＮＳに「２０１９年の新型コロナウイルスの発生理由は、人類の不衛生な生活習慣に対する大自然からの懲罰（ちょうばつ）だ。私が自分の生命をかけて証言する。武漢Ｐ４実験室とは関係ない」と、「逆ギレ」のような態度を見せました。

武漢Ｐ４実験室現役研究員の内部告発

武小華博士は現在の中国国内では、武漢で発生したコロナウイルスが人工的に改造された証拠を提示した「内部告発の勇者」として称賛されています。

左は武博士の告白文の日本語訳です。

多くの科学者や石正麗氏も、新型コロナウイルスがコウモリ由来と認めましたが、コウモリから人間に感染させるまでのＤＮＡ変異は、１種か２種の中間宿主が必要です。ネズミと霊長類（サル）の間で、あるタンパク質が媒介の役目を果たしたのです。つまり、このような経路となります。コウモリ↓ネズミ↓霊長類↓人間による感染経路の橋渡しがあったわけです。

では、この感染経路が完成させるためにはどうすればいいでしょうか？　武漢Ｐ４実験室は以下のような実験をしました。霊長類のＤＮＡに含まれるタンパク質を人工的に改造して、ネズミのＤＮＡに付着させました。この作業はＰ４レベルの実験室の設備以外では行えませんが、作業自体はさほど複雑ではありません。この作業は、すでに多くの新薬開発に使用されており、我々は熟練した技術を持っています。

つまり、石正麗氏の研究記録にネズミと霊長類の記述があれば、ウイルス実験が行われたという証拠になります。

しかし、この実験室の管理体制はとても杜撰（ずさん）です。実験室内の動物を外に持ち出して転売したり、死亡した実験用動物の遺体を焼却する場合、医療廃棄物として扱うとコストが高いため、適当に埋めてしまうこともありました。

実験室ではＳＰＦ（特定病原菌不在）卵がひんぱんに紛失しました。よく調べると、実験室で残業していた学生２人が、お腹が空いたから茹（ゆ）でて食べたと自白しました。食べた後に「美味しかった」と言ったとか（他の実験室では実験用の豚をバラバラに解体し、みんなで分けあって食べてしまったこともあったそうです）。また、実験用のネズミをポケットに入れて外に持ち出し、ペットにした研究員も存在します。

このように、武漢Ｐ４実験室では誰もが驚くような事件がひん発していました。このような状況で、実験室の管理は問題ないと断言できるでしょうか!?

容易に予測できる感染経路

武博士の証言を聞く限り、一度ウイルスを注射した実験用ネズミを外部に持ち出して他のネズミと接触させれば、ウイルスが各地に拡大するのは当たり前のことです。

もし実験室の中にいたネズミが、人間にも感染するように人工的に組み換えられたウイルスを所持していれば、いとも簡単に人間に感染させることができるでしょう。実験室で作った人工合成のコロナウイルスが感染被害の原因になったという仮説が成立します。

カナダ人ウイルス研究者が学術会議中に謎の死!?

僕（孫向文）が武博士の論文を翻訳しているとき、ウイルス流失に関連性があると思われるニュースを発見したので紹介します。

２０２０年2月4日、カナダの著名なウイルス研究者フランク・プラマー氏は、ケニアで学術会議に参加している最中に死亡しました。この事実をカナダの国際放送メディア「Ｒａｄｉｏ-

Ｃａｎａｄａ」が2月5日に報道しましたが、その死因は伝えられませんでした。

実は、プラマー氏はカナダの国立微生物研究所で中国人の邱香果研究員の同僚だったことがあり、共同で危険度レベル４のウイルスを研究していた経験がありました。

現在、プラマー氏の死の原因は暗殺説も浮上しています。なぜかというと、プラマー氏は武漢で発生した新型コロナウイルスの発生源を調査し始めた時期だったからです。年齢は67歳で、健康状態は良好だったにもかかわらず急死するのは不自然すぎたため、毒殺されたという噂も浮上したのです。

さらに、プラマー氏の同僚である邱香果という中国人研究員は、２０１９年7月14日、夫で研究者の成克定、および中国人留学生1名とともに王立カナダ騎馬警察に実験室の規約違反の疑いで拘束されました。

実はこの3名の中国人は、感染力が強く、致死率の高い危険度レベル４のウイルスや病原体などを中国北京に郵送（密輸）したスパイ行為が疑われています。

ちなみに、夫の成研究員は、武漢Ｐ４実験室でコロナウイルスを研究していました。

武漢Ｐ４実験室の石正麗研究員への怒り爆発!?

武小華博士が手がけた新型コロナウイルスが人工的に遺伝子を組み替えられたものであるという

事実を記した論文を日本語訳したものです。

「私は生物学の研究者として、長い間武漢P４実験室に勤務し、一般的な薬物実験・ワクチン開発を担当しています。私は人間としての良心、基礎研究者としての良心から、石正麗研究員の発言には怒りを覚えます」

「現在、中国では大量の感染者や死者が増加し続けています。数多くの家庭が崩壊しています。石研究員は、なぜ公然と嘘をつけるのでしょうか⁉ しかも『自然界からの天罰』などというセリフで被害者を罵倒しています。すべての被害者はコウモリを食べたのでしょうか？ ふざけるな！しかも、石研究員は自分を糾弾する外国の科学者の言葉を黙殺しようとしています。そもそも科学者である条件は、第一に『事実に忠実であること』です。そして、高い人間性は科学者としての必要条件です。あなたはすでに科学者失格です」

さらに武博士は、石研究員のウイルス研究保存庫から、素体となるＳＡＲＳ（重症急性呼吸器症候群）ウイルスのサンプルを発見しました。以下は武博士によるＳＡＲＳウイルスについての解説です。

「(模型を取り出して) これはSARSウイルスの模型です。表面に付着している紫色のキノコのようなものに注目してください。spike glycoprotrin (スパイク・タンパク質) と呼ばれるものです。略してSタンパク、これはとても重要な媒介です。一般的にウイルスが人間に感染するか否かは、このタンパク質が鍵となります」

「コウモリの体内に感染したコロナウイルスにもSタンパクが存在します。しかしこれは、人間には感染しません。そうでなければ、1匹のコウモリで、数十万人の人間を殺傷してしまいます。つまり、『コウモリを食べた人がウイルスの発生源』という説は真っ赤な嘘です。ありえない話です」

「ウイルスは地球上で、40万年にわたり生息し続けてきました。それが今日まで生存するためには、新しい宿主を探さないといけません。では、宿主であるコウモリから、どのようにして人間にまで到達したのでしょうか？　自然発生する場合は、コウモリのコロナウイルスが人間の体内に侵入する方法を探して変異し続けます。その時間は1万年ほど必要です。つまり、人間が1万年の間に、毎日のようにコウモリを食べ続けていれば、生きているウイルスが人間のSタンパクの遺伝子コードを入手し、自然変異します」

〈解説〉

「生きているウイルス」という言葉の意味は、人間が活発な状態のウイルスを摂取するという意味です。つまり、数多くの人間が毎日のようにコウモリを生か生に近い状態で食べ続けるということです。当たり前のことですが、そのような人物はどの国にも存在しません。

第一に、コウモリは犬や猫のようにペットとして飼われることは稀で、人間との接触は少ない。第二に、動物なので、コウモリに感染したコロナウイルスが人間の血液や体液からSタンパクの情報を手に入れる機会はほとんどありません。

コウモリに感染したコロナウイルスが人間の体内に入る鍵を見つけるのは至難の業です。例えば、猫もＨＩＶウイルスに感染することがありますが、ＨＩＶウイルスを保持する猫が人間と濃厚接触しても、人間には感染しません。猫のＨＩＶウイルスは人間の体内に侵入する鍵（Ｓタンパク）を持っていません。

それは、鳥インフルエンザや豚コレラが人間に感染しないのと同じ理由です。感染種が違うからＳタンパクの遺伝子コードが異なるのです。

コロナウイルスはどのように拡散したのか⁉

では、コウモリの体内に感染するコロナウイルスが、どのようにして現在世界中で蔓延(まんえん)する

「COVID-19」へと変異するのでしょうか？　それには二つの可能性があります。

①自然変異

コウモリのコロナウイルスが人間の体内に感染するまで、1体か2体の「異種宿主」を探すことが必要です。遺伝子コードを探し出すのは至難の業です。例えばSARSが流行した時は、ハクビシン、タヌキ、イタチの体内から発見されました。

しかし、今回の場合はコウモリからハクビシンに感染し、そして人間へ。つまり、コウモリから直接人間へ感染するのは不可能です。今回、中国CDC（疾病対策センター）の高福院氏が発表した「コウモリから人間へのCOVID-19」は真っ赤な嘘でしょう。しかし、高氏は中国政府の官僚であり、真実を公開できる立場ではありません。つまり、自然変異の可能性は必然的に排除されます。

②実験室でウイルスを人工的に編集

では、なぜ高氏は中間宿主を考慮せず、COVID-19の発生源がコウモリだと断定したのでしょうか？　唯一の可能性は、中国国内ではコウモリのウイルスに関するビッグデータを保有していることです。

こうなると、真犯人の疑惑は石正麗研究員に集まります。石研究員は長年にわたってコウモリのウイルスを研究する専門家でした。彼女は50種類以上のコロナウイルスのサンプルを保有し、このビッグデータのおかげで迅速にコウモリと特定することができました。COVID－19の初期型のウイルスは、石研究員が所有するウイルスのサンプル保管庫に存在します。

コロナウイルスの表面に付着している紫色のキノコ状のSタンパクを差し替えるのは、生物学の研究生ですら実行できる基礎レベルの作業なのです。中国の研究者の多くは、差し替え作業に関しては成熟した技術を持っています。

次に、紫色のキノコ（Sタンパク）を差し替えたら、新しい宿主の体に注射します。新しい宿主とは、通称SPF（無菌室で生まれ育った）動物と呼ばれ、日本では「特定病原体除去動物」とも呼ばれる実験室内の動物のことです。

Sタンパクを差し替えたコロナウイルスが新しい宿主に入る際、どこから感染するのでしょうか？　ウイルスの主要な感染ルートは、呼吸器（インフルエンザウイルスなど）、血液（HIVウイルスなど）、母子感染（B型肝炎ウイルスなど）に分類されます。

つまり、ウイルスの特定の遺伝子配列を編集すれば、感染ルートを決めることができるのです。もし、ウイルスが母子感染ルートを選んだら、実験用のラットや鶏は、子や卵を生むまで22日くらいの時間がかかります。

血液感染を選ぶと、ミスがあったら大惨事になります。つまり、実験室は実験にかかる時間と難易度を考慮すれば、呼吸器感染が一番汎用性の高い選択肢となります。

そこで、今回ＣＯＶＩＤ－19は人間の肺の上部に存在するＡＣＥ２（Angiotensin-converting enzyme 2　アンジオテンシン変換酵素２血管収縮。血圧を制御する役目のタンパク質）のタンパク質を感染の入り口として採用しました。

なぜ武小華研究員が石正麗研究員を実名告発したのか⁉

ＣＯＶＩＤ－19（新型コロナウイルス）は、人間の呼吸器である肺の上部、ＡＣＥ２のタンパク質を人間の細胞に取り込む際の入り口としています。そのため、初期症状は発熱、咳、体のだるさなどが感じられる一方、くしゃみ、鼻水といった症状は、さほどありません。では、コロナウイルスは、どのようにして人間を感染ターゲットにするのでしょうか？

以下は２０１５年、イギリスの総合学術誌「Ｎａｔｕｒｅ」に掲載された武漢Ｐ４実験室の研究課題について発表された論文です。主な著者は中国科学院武漢ウイルス研究所、武漢大学のウイルス研究所の石正麗研究員です。

「コウモリ体内から抽出されたコロナウイルスのＳタンパクの中のＡＣＥ２というスイッチを調節すると、すぐに人間に感染することが可能になります。そして、ゲノム編集技術でコウモリのＳタンパクと、マウスの体から抽出されたＳＡＲＳウイルスを人工的に改造すると、既に存在する人工ウイルスが人間のアンジオテンシン変換酵素２（ＡＣＥ２）と融合して、人間の呼吸器の細胞と完璧に融合できます。

この新型人工ウイルスをマウスに感染させる実験をしたところ、マウスの肺に大きな損害を与えて、すべての免疫力が効かなくなりました。次に霊長類（サル）に感染させました。これは人間に感染させるための模擬実験でもあります」

（石研究員の論文より抜粋）


この論文が掲載されたあとに、アメリカの生物学、医学業界に激震が走りました。医学者のデクラン・バトラー氏はすぐに「Ｎａｔｕｒｅ」誌上で「（この実験は）人類にとって無意味な実験だ。リスクが高い」と猛烈に批判したのです。

実は当時、中国のＡＣＥ２編集技術はまだ未熟だったので、石研究員がＡＣＥ２編集技術の本場である、アメリカのノースカロライナ州の医学チームとの提携を求めました。

２０１４年、アメリカＣＤＣ（疾病対策センター）が、この新型の人工ウイルスの研究が生物兵器に転用されるリスクを想定し、すぐに石正麗研究員との共同研究を中止して研究資金を停止しました。

武研究員が石研究員と対立した理由はここにあります。石研究員はＣＯＶＩＤ－19の素体となるコロナウイルスを所有し、ＣＯＶＩＤ－19を改造する技術を持っています。

もともと実験の段階で人工的に改造されたウイルスを処分しないといけないのに、残念ながら実験室の外に流出してしまい、大量の感染者、死者が出てしまいました。この災難の発生源を僕たち人間はすでに発見、把握しているにもかかわらず、残念ながら消滅させることはできません。石研究員は「自分の生命で保証する」と豪語したのですから、武漢の一病院におもむき救援活動を行ってほしいところです。

アメリカの著名な弁護士が中国を訴えた

２０２０年3月下旬、アメリカの著名弁護士ラリー・クレイマン氏がテキサス州の裁判所と組んで、民間の被害者を原告にした集団訴訟を開始しました。被告は以下の五つです。

・中華人民共和国政府
・中国人民解放軍
・武漢Ｐ４実験室
・武漢Ｐ４実験室の石正麗研究員
・人民解放軍生物兵器部隊の陳薇少将

【訴訟書の意訳】

被告がＣＯＶＩＤ－19という人工的に改造されたウイルスを製造して、アメリカに拡散した。これは大量の人間を殺傷する目的で開発された生物兵器です。アメリカに多大な死傷と経済損失を負わせた。そのため、被告に20兆ドルの賠償を請求します。

ちなみに、クレイマン氏の有名な実績として、オバマ政権時代にヒラリー・クリントン国務長官が私用のアカウントで公務のメールのやりとりをしていたことについて訴訟し、勝訴したことが挙げられます。また米国のＦＤＡ（米国食品医薬品局）のマーガレット・ハンバーグ局長が薬物の毒性を隠蔽した事件を訴訟して勝訴したこともあるなど、確かな実力を持つ弁護士です。彼はウイルスが人工的に改造されたものであるという証拠を正確に把握したため、訴訟に踏み切ったのでしょう。また訴訟書の中には注目すべき記載があります。

「ＣＯＶＩＤ－19は事故で実験室から漏れましたが、中国共産党がこの生物兵器を製造、保存する目的は敵対勢力を潰すことです。これはアメリカ以外の国も対象となっています」

文書では具体的な国名は言及していませんが、「敵対勢力」とは、あきらかに日本のことです。その後、４月６日にクレイマン氏はハーグ（オランダ）にあるＩＣＣ（国際刑事裁判所）でも同様の訴訟を始めました。同氏は国際司法の場で、新型コロナウイルスによる被害により中国政府を訴える第一人者です。

新型コロナウイルスが原因で、日本にも多大な経済損失がもたらされました。今後2年以内に多くの日本企業による破産申請が予想されます。それを回避するためには、日本の民間企業もクレイマン氏のような法律関係者と提携して、今のうちに中国に対して賠償訴訟する必要があるでしょう。

中国は蠱毒（こどく）を作った前科があった！

実は、中国政府が人工ウイルスを製造したのは、新型コロナウイルスが初めてではありません。2013年、中国が「H5N1：鳥インフルエンザ」と「H1N1：新型インフルエンザ」を人工的に（人から人へと感染する）ウイルスを製造しました。当時、フランスのメディアは、「意図は不明ですが、新種の人工ウイルスは1億人を殺せる猛威がある」と猛烈に批判する報道をしました。

また、19年3月2日に、石正麗研究員が国際的に有名な生物科学雑誌「Viruses」で、ある論文を発表しました。それは、「1年後に世界規模のパンデミックが発生します。コウモリのコロナウイルスが原因で、発生源は中国です。私たちがやるべきことは、感染爆発する場所と時間を予測し、これを防ぐように尽力します」と、後の新型コロナウイルスの流行を正確に予言したものだったのです。

なぜ、このような正確な予測ができたのでしょうか？　やはり、石研究員が製造者である可能性が高いからではないでしょうか⁉

実は、20年4月6日、ブラジル大統領の三男で同国国会議員のエドゥアルド・ボルソナロ氏は、「中国共産党が人工的に改造されたウイルスを生物兵器として使用して、世界を支配しようとしています」と発言しました。中国は国ぐるみで蠱毒（毒を持って人を害すること）を使って世界を手中にしようとしています。

この発言の直後、世界各国でコロナウイルスが原因で倒産寸前となった海外企業を、中国の国有企業が次々に買収し始めました。まさに火事場泥棒です。

今回のウイルスは故意に漏れた可能性は低いですが、事故で漏れた後、中国政府が便乗して、世界を支配しようとする意図は明らかです。

マスクの爆買いは中国共産党の工作活動だった

20年1月末から3月末までに、世界各国の中国大使館が、国外在住の中国人に対して「その国の医療物資を中国に輸送せよ」と通達しました。実は、この2カ月半の間に、海外から中国へと輸送されたマスクの総計は「22億枚」であると中国の入国管理局のデータで確認されたことを、アメリカ政府が公表しました。

当時は、日本国内でも毎日のように薬局でマスクを買いだめする中国人の列の目撃情報がネット上で公開されました。これは中国共産党が中国以外の国に医療物資不足を生じさせ（主に日本）、「医療崩壊のパニックを引き起こすための工作だ」という情報が流れましたが、時を同じくして、国外在住の中国人民主派が同じ見解を示しました。

新型コロナウイルスの開発は人民解放軍と中国民間企業の共同開発で行われた

20年3月17日、人民解放軍の機関紙「中国軍報」が新型コロナウイルスのワクチンについて発表しました。研究、開発、製造を担当するのは人民解放軍中央研究院と「康希諾生物公司（カンシーノ）」という製薬企業です。

20年3月18日、康希諾生物公司が香港で、同日に臨床実験段階に入ると発表しました。では、この普通の民間企業に思える製薬企業の実態はどのようなものでしょうか？

中国の元投資銀行家であり投資家の汪浩博士が、このような情報を自身のＳＮＳにアップしました。タイトルは「２０１９年11月に康希諾生物公司を爆買いしたのは誰なのか？」本文を直訳すると以下の通りです。

「2020年3月18日、香港で上場した康希諾生物公司の公表によると、同社は中国人民解放軍の軍事科学院生物工程研究所が共同開発した『重組新型冠状病毒疫苗』（組み立て新型コロナウイルス・ワクチン・化学名 Ad5-nCoV）は、すでに中国政府の許可を受け、これから臨床実験を行います。軍事科学院生物工程研究所の陳薇（チェンウエイ）所長は、人民解放軍生物化学兵器部隊の少将でもあります」

康希諾生物公司は2019年3月に香港で上場しましたが、当時の資産価値はわずか40億香港ドル（543億円）、株価は30香港ドル（407円）前後で変動していました。2019年9月、康希諾生物公司の財政報告によると、過去の4年間で3億元の赤字を出したそうです。

ところが、2019年9月18日、中国政府が湖北省の武漢で開催された「世界軍人スポーツ大会」の期間中に「新型コロナウイルスの発生による緊急演習」を実施しました。その直後の2019年10月から康希諾生物公司の株価が急騰し、11月の時点で2倍に上がったのです。9月の演習と康希諾生物公司の株価が急騰したことと関係があるのではないでしょうか。

これはあくまでも予測ですが、中国国内では2019年の時点ですでに新型コロナウイルスの患者が発生していたのかもしれません。当時の康希諾生物公司は、既にワクチン開発に着手していました。そのため、人民解放軍や中国政府の内部情報により、数カ月後にこのワクチンが世界各国から大量注文が殺到して、株価が爆発的に急騰すると予想されたため、事前に購入したのではないでしょうか？

湖北省政府、新型コロナウイルスに罹患した未婚男性に生殖能力の検査要請⁉

２０２０年３月12日、中国の湖北省地方政府はインターネット上で一つの通達を発表しましたが、数時間後に削除されました。次に示すものは、当時、ある湖北省内に住む人物が、削除される前にスクリーンショットで保存した通達の一部を日本語訳して解説を加えたものです。そこには衝撃的な内容が書かれていました。

【タイトル】

「新型コロナウイルスに罹患した若い未婚男性は生殖能力の検査をしてください」

【本文から一部の抜粋】

「新型コロナウイルスはＡＣＥ２（Angiotensin-converting enzyme 2　アンジオテンシン変換酵素2血管収縮、血圧を制御する役目のタンパク質）が多い臓器で融合しやすいので、ＡＣＥ２の多い臓器、睾丸、小腸、腎臓、心臓、甲状腺がダメージを受けます。

コロナウイルスが原因で死亡した男性の遺体を司法解剖した際、睾丸から新型コロナウイルスが検出されました。つまり、新型コロナウイルスは精子を作る機能を破壊する可能性が高いという結論です。

また、米国サウスカロライナ大学のゴシャイ・カイ研究員が発表した論文によると、ACE2以外にも、他に二つのタンパク質がSARS（重症急性呼吸器症候群）ウイルスを受容しやすいことが判明しました。それは「DC-SIGN」と「L-SIGN」タンパク受容体です。ヨーロッパ各国ではアジアの国々をはるかに上回るコロナウイルス感染者・死者数が発生していますが、それは一般的な欧米人の体内にはL-SIGNとDC-SIGNが多く存在するのに対し、アジア人は少ない傾向であることが原因ではないかと推測されています。また、人種にかかわらず60歳以上の高齢者はDC-SIGNが多く、また喫煙者は細胞にDC-SIGN、ACE2が増加する傾向があるようです。

世界的に猛威を振るう新型コロナウイルスに罹患した人々からは、肺炎以外にも、以下のような様々な症状が報告されています。

- 神経系のダメージ
- 味覚・嗅覚喪失になる
- 触覚麻痺という症状
- 皮膚、小腸の血栓現象が発生し、細胞を壊死（えし）させる

・男性の睾丸への攻撃
・心臓を攻撃
・中枢神経、脳損傷による幻覚、幻聴
・子供の感染者特有の「川崎病」に似た血管の浮腫

以上のように、全身へのありとあらゆる症状が、世界各国から相次いで報告されています。はたして、このウイルスの正体はいったい何なのでしょうか？

２０２０年１月末の時点で、僕は「新型コロナウイルスは、人工改造ウイルス、人民解放軍が開発した生物兵器である」と強く主張していましたが、当時は誰からも信じてもらえませんでした。むしろ「陰謀論だ」と嘲笑う声が絶えませんでした。

ところが、最近はようやく権威を持つ科学者たちが「ＣＯＶＩＤ－19はどう見ても人工改造されたウイルスだ」と主張するようになりました。その説を唱えている科学者の一人がリュック・モンタニエ博士。２００８年にノーベル生理学・医学賞を受賞した世界屈指のウイルス研究の権威です。しかも、モンタニエ博士は、「ＣＯＶＩＤ－19にＨＩＶウイルスの遺伝子が人工的に挿入された」と断言しました。なぜ断言できるのかと言えば、博士は世界で初めてＨＩＶウイルスを発見し、その功績によりノーベル賞を受賞した人物でもあるからです。

左記にモンタニエ博士がフランスのニュース番組「Ｃ－ＮＥＷＳ」に出演し、そのインタビューを全訳しましたので、ご紹介いたします。

記者：新型コロナウイルスの遺伝子配列の解析はＡＩＤＳ（エイズ）の遺伝子配列の解析よりはるかに早かったが、ウイルス自体の解析度が低いと思いますか？

モンタニエ博士：武漢の実験室のスタッフは、コロナウイルスの研究に対してかなりの実績を持っています。この事実は、私が新型コロナウイルスの解析をさらに深く追及する動機にもなりました。私だけではありません。私の同僚の専門家の ジーン・クロード・ペリッツも共同で解析しています。彼は数学を生物学の遺伝子配列の解析に応用しています。彼が新型コロナウイルスのすべての遺伝子配列を研究しました。

ですが、私たちは新型コロナウイルスからエイズウイルスの配列を初めて発見したわけではありません。だいぶ前にインド人の科学者が発見していました。しかし、その彼は上記の論文を発表した後になって撤回してしまいました。彼らは何らかの圧力を感じていたようです。しかし、科学の力は必ず世の中に真実を公表します。

記者：新型コロナウイルスからエイズウイルスの成分が発見されたというのは衝撃でした。しかし、これは自然変異の結果の可能性とは考えられませんか？　例えば、エイズの患者が新型コロナウイルスを罹患した結果とか？

モンタニエ博士：いえいえ、人間の体でこのような変異は発生しません。ウイルスの配列に新しいタンパク質を挿入しなければなりません、それは実験室内で行わないと不可能です。その技術は、以前は困難なものでしたが、現在は簡単に行えます。

記者：では、博士は新型コロナウイルスが自然発生ではなく人工改造の産物と考えているのですね？

モンタニエ博士：その通りです。新型コロナウイルスはコウモリから抽出したコロナウイルスを基に研究所で作られたものです。その後、何らかの事故で外部に漏れた。海鮮市場から流出したという説はあくまでも噂にすぎません。

記者：中国がこの人工ウイルスを製造する目的は何なのでしょうか？　生物兵器として使うためでしょうか？　それともエイズ予防のワクチンを作るためなのでしょうか？

モンタニエ博士：ワクチンの開発でこのような事故が発生するわけはありません。人間に発症しないコロナウイルスを媒体として、エイズの抗体を含むエイズウイルスの分子で、エイズ予防のワクチンを培養します。

記者：つまり研究者による流失事故なのでしょうか？

モンタニエ博士：その通りです。マッドサイエンティストが実験でミスを起こしたようなものです。分子生物学はいろいろな実験が可能です。しかし、自然界はあらゆる実験を容認するわけではありません。まさに「自然のルールを忘れてしまった」ということです。（分子生物学には）必ず守らなければいけないルールがあります。もし自然界が容認しないのなら、それは私たちに災いとしてかえってきます。それこそが現在のウイルス蔓延です。これにより人間は、人工的に改造されたウイルスが、この世に存在してはならないことを思い知らされました。実は新型コロナウイルスは変異し続けており、最近、アメリカ西海岸の感染者から発見された新型コロナウイルスは、すでに人工改造された箇所が減少していたそうです。

記者：これは朗報ですね！

モンタニエ博士：それが事実であることを望みます。もしかしたら、特に対策を行わなくても今後は感染が収束するかもしれません。しかし、すでに数多くの死者・重症者が世界中で発生しています。感染拡大を抑えるための方法を提案します。例えば、ウイルス拡大を妨害する電磁波を流すという方法もあるでしょう。しかし、それには多額の資金の投入が必要です。

記者：ノーベル賞受賞者である博士の言葉を聞いて恐怖を感じています。しかし、博士の発言は陰謀論と批判されるかもしれません。

モンタニエ博士：真相を隠そうとする人物こそ陰謀論者です。私はたくさんの中国人の友人がいます。感染が爆発する数週間前、ちょうど私は中国にいました。もし中国政府が真っ先に感染情報の真相を公表していれば、今ごろコロナ対策は、現状よりもはるかに簡単なものになっていたでしょう。中国政府に対して、実験室からウイルスが漏れたという真相の責任を取らせないといけません。真実をいつか明らかにします。

私が解析した結果、エイズウイルスの遺伝子配列以外に、他のウイルスの遺伝子配列も発見されました。私は誰かに対して責任を追及するつもりはありません。しかし確かに武漢の実験室で様々なゲノム編集が行われていました。だからこそ中国政府には必ず責任をとらせないといけません。

特に新型コロナウイルスの研究についての論文の発表を禁止するべきではありませんでした。中国が「表現の自由」を規制し続ければ、いつまでも今回のような事態が発生してしまうでしょう。現在、コロナウイルスに関する真相を科学はまだ解き明かしていません。かわりにデマのような情報が世界中で流布しています。そのようなプロパガンダが広がれば、やがて誰も科学を信じなくなるでしょう。中国は最近になってようやく実験室の問題に言及しましたが、さらに真相を究明してほしいですね。

しかし中国だけではなく、武漢のＰ４実験室にアメリカからの寄付金があったそうです。だから、中国以外の国もコロナ禍の責任の一端がある可能性があります。まずは、中国政府が過ちを認められる大人になってほしいです。

日本の左派メディア界隈からは、モンタニエ博士は「オカルト説を唱えている」と決めつけて糾弾する声もあるようですが、この全訳を読んだ上で、読者の皆さんには自身で判断することをお願いいたします。

（参考サイト）

http://bit.ly/31RwMJj

第2章

新型コロナウイルスは中国で製造された生物兵器だ！

2020年1月以降、中国発の新型コロナウイルスが世界を席巻（せっけん）し、感染者と死者が未曾有（みぞう）の規模で発生しています（20年8月現在、累計感染者2160万人、死者77万4000人）。これは世界大戦レベルの災害と表現しても過言ではないでしょう。

20年1月半ば、僕は「文化人TV」というインターネット番組で「新型コロナウイルスは人工の生物兵器だ」という情報を暴露したのですが、当時は日本の人々の大半が「陰謀論だ」と、半ば嘲笑したような反応を示していました。僕は正確な情報ソースに基づいて警告を行ったのですが、日本の人々が危機感を抱かなかったのは、戦後日本に根付いた「お花畑平和思考」が原因かと思います。

当時、欧米の各メディアでは、新型コロナウイルスが「生物兵器の可能性がある」と真剣に議論されていたのに対し、日本のメディアでは、そのことについて議論することはタブー視されているように感じました。しかし、この本を執筆している20年8月以前から、新型コロナウイルスが人工生物兵器であることを確証する証拠が発見されているのです。この章ではその証拠を紹介します。

新型コロナウイルスが人工ウイルスであることを示す決定的な証拠を提供したのは、香港大学所属の香港P3ウイルス研究所の女性元研究員・閻麗夢（イェン・リー・ムェン）博士です。彼女は20年7月9日にアメリカの保守系テレビ局「FOX」のニュース番組に出演した際、このような衝撃的なセリフを発しました。

「わたしたち人類には、もう時間がない」
「集団免疫の可能性は期待しないでください」
「有効なワクチンの開発は奇跡が起きない限り、
難航する見通しです」

刑事ドラマのようなスリリングな亡命劇

現在はアメリカに亡命している閻麗夢博士ですが、それが成功するまでは茨の道でした。わかりやすく説明するために、関係者のプロフィールと一連の顛末（てんまつ）をダイジェストドラマ形式で紹介しましょう。

閻麗夢（イエン・リー・ムエン）――30代、香港P3ウイルス研究所の現役研究員、医学博士。英語が堪能であるため、香港政府は彼女を中国〜香港〜WHO間の「法定連絡人」に認定した
閻麗夢の夫――スリランカ人、香港P3ウイルス研究所所属の現役研究員
潘烈文（ハンレーウエン）――香港P3ウイルス研究所所属の研究員、閻麗夢の上司、WHO所属

マリック・ペリス――香港P3ウイルス研究所所属の現役研究員、WHO所属の技術顧問、閻麗夢夫婦の上司

路徳（ルーデー）――在米中国人、ネットメディアを運営するジャーナリスト、閻麗夢の亡命に協力した

スティーブ・バノン――元トランプ政権の首席戦略官兼上級顧問、「war room」という情報サイトを運営、閻麗夢の亡命を水面下で協力した

石正麗（シーツェンリー）――武漢P4ウイルス研究所の現役研究員、新型コロナウイルスが人間に感染するように改造した張本人

2019年12月末、閻博士が新型コロナウイルスを分析した結果、非常に危険性が高いことが発覚しました。閻博士は真相を世界の人々に伝えなければならないという使命感を持ち、上司の潘烈文氏に情報公開を訴えたのですが、潘氏は「Don't touch the RED LINE of the Chinese Govenment（中国政府の赤いラインを触るな）」「私たちは消される」と彼女に警告し、情報を隠蔽しようとしたのです。

その直後、閻博士は香港で開催された反中国政府デモをニュースで知り、多くの香港人がデモに参加した結果「消された」ことを確認し、「今すぐアメリカに亡命して告発しないといけない」と決意し、夫と相談して、一緒に亡命することを提案したのですが、夫が猛烈に反対して大喧嘩になったのです。その後、夫が制止するにもかかわらず、閻博士はニューヨーク行きの飛行機のチ

ケットを予約しました。

閻博士が出発する当日、香港P3ウイルス研究所内の監視カメラの前で普段通りに活動しているように見せかけるために偽装工作を行いました。自分の作業机のノートパソコンを起動し、かたわらにコーヒーとスマホを置いて仕事中であると偽装し、その後、香港国際空港に向かったのです。実は閻博士は偽装工作を成功させるために、事前に新しいｉＰｈｏｎｅ11を購入して、前から所持していた古い端末から「証拠資料」を全て移行していたのです。

閻博士は出発する時刻から、アメリカに入国するまで食べ物も飲み物も一切摂取しなかったそうです。理由は万が一にも毒殺されることを防ぐためです。そのため、彼女は搭乗口に着いたとたん、脱水症状で倒れそうになりました。しかし、彼女は自分に言い聞かせたのです。「ここで倒れたら命がない！　必ず資料を持ってアメリカに行って告発する」（ちなみに、現在の香港ではコロナ対策のため、体調が悪そうな人がいると迅速にコロナ感染者と疑われて隔離されます）。閻麗夢は強い意志で脱水症状に耐えました。その後、無事に飛行機が離陸して、彼女はようやく安心できたのです。

閻博士は自分が国外脱出したという証拠を残すために、脱出するまでの一連の様子を全て監視カメラで撮影しました。将来、ノンフィクションのドキュメンタリー映画として放送されるかもしれません。実はこの時、路徳氏が閻博士の安全を確保するため、「15分に一度連絡してくれ」と事前に伝えていたそうです。

そして、飛行機はニューヨークの空港に到着し、閻博士は無事にアメリカ入国に成功したのですが、空港入口ではすでに二人の警察官が彼女を待っていました。

閻博士は中国・青島市出身で、香港に移住した後に香港国籍を取得していました。そのため、アメリカに入国する際もビザは免除されていたのです。二人の警察官が彼女を調査した理由は、アメリカの入国管理局がバイオテロ対策として、世界各国のウイルス専門家のデータを登録していたためです。専門家たちはアメリカに入国する際には理由を聞かれるために、必ず職務質問されます。

警察官たちがすぐに閻博士のｉＰｈｏｎｅを押収し、パスコードまで聞かれたそうです。検査はスマホ内の写真を一枚一枚確認するほど慎重に行われ、結局2時間かかりました。焦りを感じた閻博士は、自分が渡米した目的を説明したのですが、警察側が素直に信用しなかったため、彼女は「私を送還しないで、帰国すると殺される！」と必死に訴えたのです。

すると、警察官の一人が閻博士のｉＰｈｏｎｅにアップロードされた、スティーブン・バノン氏が運営する報道番組の出演者たちの写真を見つけました。警察官たちは、ただちにＦＢＩに連絡したのです。閻博士と時を同じくして路徳氏がニューヨークの空港に到着しました。その後、国土安全局の職員とウイルス学者が空港に招集されて、閻博士らの証言の検証が開始されました。7時間にも及ぶ取り調べの後、ようやく閻たちは無事に釈放されたのです。

当時の国土安全局の職員たちは「You are Hero!（あなたは英雄だ）」と閻博士の行動に感服し「近い将来にテレビに出るだろう」と警察官たちは期待したのです。その際、ＦＢＩ捜査官の一人が闇に「SP（警護）は必要ありますか？」と尋ねたところ、闇博士が「はい、お願いします」と答えた瞬間、FBIの二人は闇の目の前から姿を消したそうです。

この件に関しては、アメリカの証人保護プログラム（英：United States Federal Witness Protection Program, WITSEC. 法廷や諮問委員会で、証言者を被告発者による制裁から保護するために設けられた制度である。本制度はマフィアの「血の掟」によるお礼参りから証言者を保護する目的で設けられた。該当者は裁判期間中、もしくは状況により生涯にわたって保護されることとなる。その間、住所の特定されない場所に、アメリカ合衆国連邦政府極秘で最高レベルの国家機密で居住する。その際の生活費や報酬などは全額が連邦政府から支給される。内通者による情報漏洩（ろうえい）の可能性を考え、パスポートや運転免許、果ては社会保障番号まで全く新しいものが交付され完全な別人になる。なお、被保護者の中でもとりわけ、アメリカ合衆国の国益に多大なる貢献をした者は、相当裕福な経済的援助を受けることもある。居住場所は、アメリカ合衆国内にとどまらず、ラテンアメリカ各国や、在外のアメリカ軍基地内、EU領内などのNATO軍の官舎等が割り当てられることも多々ある。カリフォルニア州、ニューヨーク州、テキサス州などでは、さらに州独自の証人保護プログラムも備えている Wikipedia 参照）が適用された結果、闇博士らは釈放されたようです。闇博士は十数時間も栄養を摂取していなかったため、取り調べから釈放された直後、低血糖で倒れそうになり、すぐにチョコレートを買って栄養補給したのです。

そのころ、闇博士が研究所から脱走したことが発覚したので、香港政府は彼女の研究室のメールアカウントを停止し、その後、中国の公安が閻博士の実家の青島に訪れて、両親を拘束し、彼女の部屋を家宅捜査しました。

このスリリングな逃亡ドラマのような一連の顛末を聞いて、「閻博士は本名でチケットを予約したのに、なぜ香港の空港で拘束されなかった？」と、疑問を持つ方もいるでしょう。

実は閻博士が事前に飛行機のチケットを予約する際、名前のアルファベットのスペルをわざと1文字間違えて記入したのです。そのため、中国のＡＩ監視システムが認識不可能になりました。さらに、香港国際空港では名前のスペルを間違えて搭乗しようとした場合、空港内で訂正したら搭乗可能というルールが設けられています。ちなみに、このテクニックを閻博士に教えたのは路氏だそうです。

閻博士による新型コロナウイルスに関する情報暴露

閻博士がＦＯＸテレビの番組に出演したのは20年7月9日ですが、実際にアメリカに亡命したのは、同年の4月30日です。その後、5月6日までの一週間、閻博士がアメリカの国会の場で、大量の資料を持参して証言を行いました。毎日8時間の国会審議会を行い、アメリカのトップレベルのウイルス研究者、生物兵器研究者、弁護士たちがこぞって、彼女の証言を検証したそうです。

そして、ようやくアメリカの国会の場ですべての証拠が真実であることが確定しました。近い将来、中国の習近平国家主席やＷＨＯ（世界保健機関）のテドロス事務局長など、新型コロナウイルスの流行に関与した人物たちにオランダのハーグ国際裁判所で判決が下され、大量殺人の犯人として罪に問われる可能性は大です。

実は、5月半ばにアメリカのドナルド・トランプ大統領が、突如中国を猛烈に批判する態度を示しました。その原因は閻博士の証言を確認したことによると推測されます。そして、7月9日にＦＯＸテレビの放送後、トランプ政権のメンバーが全員、初めて公衆の面前でマスクをつけた姿で現れました。同時にファーストレディーのメラニア夫人も、マスクを着用した姿をＴｗｉｔｔｅｒのアカウントで公開し、「専門家の話によると、新型コロナウイルスは今年の秋に再び感染拡大するだろう」と勧告しました。

実は閻博士以外にも、現在（２０２０年8月時）までに5人の中国人のウイルス専門家がアメリカ、イギリス、欧州某国（未公開）に亡命しました。その中に人民解放軍の階級を持つ軍官が含まれているのは衝撃的でした。現在その軍官は、人民解放軍生物兵器研究に関する最高機密を持参して、イギリス政府に証人として保護されています。

（以上の記述は、20年7月半ばから、この本が発売するまでの、閻麗夢博士とバノン氏、関係者の証言や「ｗａｒ ｒｏｏｍ」（作戦指導室）で報道されたニュースをもとに構成したものです）

奇跡的に亡命に成功したのは、「神様から守られている」ためだと閻博士は信じています。このエピソードを聞けば、「神様は中国共産党が消滅することを協力している」と多くの人が思うのではないでしょうか。

閻博士と同じく真実を語るために決起し、武漢P４ウイルス研究所から亡命した男性のウイルス学者が存在します。彼は香港人が命をかけて民主主義を守る姿に共感し、中国共産党に立ち向かうと決意したのです。彼の証言によると、研究所の多くの同僚が中国政府に監視されて強い不満を持ち、中国共産党の消滅を願っています。

閻博士らの証言により、中国政府の詐欺や隠蔽を証明できるのはとても大事なことです。習主席らに死刑判決を下すための重要な証拠です。

習近平の虚言に世界がだまされた

アメリカの情報機関は２０１９年12月の時点で、新型コロナウイルスの危険性を把握していました。しかし20年1月2日、習主席がトランプ大統領に直接に電話した際、新型コロナウイルスは制御可能だ。人間同士で感染しない」と虚言を吐き、トランプ大統領に自然のウイルスの遺伝子配列を公開したのです。これは明らかな詐欺行為です。さらに習主席は「『ヒドロキシコロロキン』が感染の予防薬になります。私は毎日飲んでいます」と効果が確定されていない薬剤をアメリカ側に送る始末でした。トランプ大統領が習近平の虚言にだまされたことで、アメリカのコロナ対策の初動が大きく遅れる結果になったのです。

この件で、支持率が大幅に低下したことにより、現在のトランプ大統領は習主席に報復しようと中国に対して高圧的な姿勢を見せています。

実を言うと、習近平がトランプ大統領に勧めたヒドロキシクロロキンは新型コロナウイルスに対して実際に有効な薬です。しかし、アメリカの製薬会社が利権を確保するために、ＦＤＡ（米国食品医薬品局）が一度認可したにもかかわらず、アメリカ民主党と手を組んで「やはり副作用が大きい」といった見解を示して、再び使用を停止しました。

ヒドロキシクロロキンは、初期感染患者が飲めば死亡率を大幅に下げられるという効果を持つため、中国の国家官僚たちのほぼ全員が予防用に摂取しています。この事実を中国側が熟知していたのは、新型コロナウイルスは人民解放軍が開発したものだからです。ちなみに、トランプ大統領も毎日のようにヒドロキシクロロキンを摂取しています。

ヒドロキシクロロキンは廉価で、また特許の申請期限が終了しています。そのため、販売したとしても製薬会社は大きな利益を得られません。大企業が表面上はきれいごとを唱えても、裏では利権しか考えていないというのは世界共通の事例です。

現在、ビル・ゲイツ財団をはじめとするアメリカのインテリ層が設立した団体は、新型コロナウイルスのワクチンの開発に多額の投資を行っています。これは、ワクチンを開発・販売して寡占産業にすることで、国内の貧困層を経済的に支配するのが目的でしょう。

閻博士によると、研究所時代の上司だったマリック・ペリス氏は20年の5月10日に退職してスリランカに帰国したそうです。その理由は、アメリカの国会の場で、マリック氏が行った数々の犯罪的行為を閻博士が暴露したためです。ペリス氏が退職した理由は、自らの保身とWHOと香港ウイルス研究所の関係を隠蔽することが目的と推測されます。ここに、閻博士が証言したペリス氏の真実を記述しましょう。

「私の上司であったペリス氏は、研究所内に極秘の部屋を設け、誰にも入室する権限を与えませんでした。また、ペリス氏は香港のとある場所に所在する一棟のビルをレンタルしており、そこに多くの冷蔵庫が設置してあります。その冷蔵庫の中には中国全土に存在する約3万種類のウイルスのサンプルが保管されています。中にはエボラウイルスなどP3レベルの研究所では取り扱い禁止の危険なウイルスすら存在しています。研究の目的は『どうやってウイルスを人間に感染させるか』です」

ペリス氏はWHO所属の顧問研究員であり、つまりWHOが中国政府と提携して、生物兵器を開発していた可能性が高いのです。

新型コロナウイルスの流出は、2019年に結成された民主化選挙を求める香港の人々によるデモ隊を絶滅させるための「ウイルス攻撃」と推測されます。しかし、操作ミスで中国の武漢に流出しました。今までの記述は陰謀論に思えるかもしれませんが、最近になってこれらが事実である証拠が増加しています。

恐るべきウイルス研究所の真実

閻博士の証言によると、現在の香港のウイルス研究所では、素体さえあればあらゆるタイプのウイルスが増殖可能な状態になっているようです。

しかも、香港の企業グループ会長の李嘉誠氏やビル・ゲイツ財団がウイルス研究所に開発投資していることも事実のようです。

香港P3ウイルス研究所の実験室や武漢ウイルスP3、P4実験室をはじめ、中国各地に計14カ所のウイルス研究所が存在し、それぞれ殺人可能な「部品（ウイルス）」を製造しているようです。そのような研究がされている理由を把握しているのは、人民解放軍生物化学部隊のみです。

驚くべきは、WHOの技術者がウイルス製造の技術を研究所に提供していることです。閻博士の夫はペリス氏の部下です。彼は「ADE」（抗体依存性増強効果）技術を発見したのですが、それは「サイトカインストーム」（免疫細胞の嵐）を引き起こすために重要な技術です。

研究所時代は閻氏の上司であったマリック氏は、鳥インフルエンザの原因となったH5N1とSARSを解析した実績を持つ人物です。H5N1とSARSは同じ「コロナウイルス」に分類されます。H5N1は感染力が高くて殺傷力が低く、SARSは殺傷力が高くて感染力が低いという特性を持つのですが、両者が融合する現象は、自然界では起こり得ません。実はＨ５Ｎ１鳥インフルエンザのＡＣＥ２をＳＡＲＳに挿入した技術を開発したのが、マリック氏本人だったのです。

新型コロナウイルスによる武漢肺炎が発生した直後、マリック氏が武漢を訪れて自分たちが開発した新型コロナの殺傷力を「考察」したのです。この事実は規制によって報道されませんでしたが、閻博士は承知していました。

習主席は、新型コロナウイルスの流行後、スリランカの大統領と電話会談を行い約2億ドルとウイルス開発技術をスリランカに支援することを決定しました。かつて、スリランカのインド独立に協力したのは中国共産党です。現在でも、スリランカ共産党政権は中国共産党と癒着しているため、中国の支援は、いわば「恩返し」のようなものでしょう。

コロナウイルス流行により発覚した巨大な陰謀

２０２０年5月6日、トランプ大統領は会見の場で、９１１同時多発テロと真珠湾攻撃の被害を表現する際に使用された「ＡＴＴＡＣＫ」という言葉を使いました。トランプ大統領が突然過激なセリフを発したのは、閻麗夢博士の国会での証言が原因です。

20年5月10日、ホワイトハウス貿易顧問のピーター・ナヴァロは「トランプ政権以来の数年間でアメリカの経済は復興したが、中国共産党の『Drop virus（投毒）』により、60日間でアメリカの経済を破壊した」と発言しました。閻博士は5月7日にすでにアメリカ国籍を取得し、毎日国会で8時間程度の証言を行っているそうです。彼女の証言により、新型コロナウイルスがDrop Virusであると証明されました。

閻博士を国会の場で証言させるために、アメリカ政府が「証人保護プログラム」という法律を適用して彼女を帰化させたのです。そのため、現在の彼女は中国政府の報復を恐れることなく証言することが可能です。バノン氏は、閻博士に対して8時間のインタビューを行いました。彼女の証言はすべて真実です。

ちなみに、5月10日に「欧州某国」に亡命した研究員もその国の国籍を取得しました。帰化後の氏名は本名とは全く異なるものです。欧米の証人保護プログラムは、国防に大きな影響を及ぼす貴重な証人の生命を守るために、証人を生涯保護するシステムです。また安全のため、必要とあれば整形の費用も提供する（出資するのは法治基金会）など、ハリウッド映画のワンシーンのような出来事が実際に行われているそうです。

自然発生のウイルスは人間の体内で抗体と衝突を繰り返すにつれて、毒性が弱まっていく性質を持っています、しかし、新型コロナウイルスは人間の体内で変異しつづけ、毒性が増加するという特徴を持っています。この事実から、新型コロナウイルスが大量殺人目的で開発された生物兵器ということが確定できるでしょう。世界の生物学者やウイルス学者が既存の知識をベースに新型コロナの定義を決めようと試みていますが、それは間違った方法です。

20年5月にアメリカで開催された国会の場で、閻博士は国会議員の質問に応じて以下のような証言を行いました。

「テキサス州立大学が武漢P４ウイルス実験室に資金提供していた」
「これには、ビル・ゲイツ財団のトップメンバーも関与している」
「WHOのテドロス事務局長はスリランカの共産主義連盟、エチオピア共産主義連盟メンバーの一人」

その後の調査により、マイクロソフトの創業者ビル・ゲイツ氏は２０１５年時点で新型コロナウイルスの発生を予測したと推測されています。

２０１５年、ゲイツ氏は全人類が直面する最大の潜在的殺人者は戦争ではなく、パンデミック（感染拡大）であると警告しました。世界中の億万長者たちは何億ドルも投資して、ワクチンを開発し、病気の追跡システムを確立するためのより迅速な方法を探しているそうです。また、世界の指導者たちに、新たな感染症に対する国防を構築するよう促しました。予言のようなゲイツ氏の行動ですが、これはウイルスを開発して流行させるという「自作自演」とは考えられないでしょうか。

閻博士の証言により、中国政府が新型コロナウイルスを生物兵器として製造していた事実がアメリカの国会の場で記録されました。この事実は今後、アメリカ政府が中国の習近平政権を制裁するための重要な外交カードとして使われるでしょう。

20年5月4日、ホワイトハウスで行われた記者会見上で、トランプ大統領は新型コロナウイルスの発生源について、こう語りました。

「中国が誤って火をつけた。しかし火はすぐに広がり、コントロールも消火もできず、さらに中国はこれに便乗して放火した」

焦り出した中国政府による卑劣な工作

新型コロナウイルスの流行以降、中国政府は事実を隠蔽するために、世界中で工作活動を行っています。

閻博士の会見が放送されて以降、FOXテレビに対しては中国政府が在米の工作員を指導し、バノン氏や路徳氏に対して自爆テロを行うと恫喝(どうかつ)する内容の電話連絡が寄せられました。その事態を受け、FBIやアメリカ政府のテロリスト対策本部まで出動してスタジオを警護する事態となったのです。

「ランセット」という世界で評価の高い医学雑誌も、香港P3ウイルス研究所に資金提供を行なっているそうですが、先日刊行された号には、「新型コロナウイルスは自然発生だ」という内容の記事が、（自称）科学者たちの共同執筆という名義で掲載されたのですが、これは捏造でしょう。

閻博士の証言により、20年1月時でバノン氏は専門家から新型コロナウイルスの殺傷力と閻博士が危うい立場にいることを確認し、ＳＮＳのチャット機能を用いてアメリカに亡命するよう呼びかけていたことが判明しました。事実、閻博士がバノン氏と連絡した直後から閻博士の夫が彼女の朝食に睡眠薬が混入されるなど不審な出来事が相次いで発生したそうです。その後、夫が再び閻博士に、「最近いろいろあってストレスがたまるでしょう？　一緒に海に行きましょう」と、閻博士を誘ったことがあるそうです。当時、多くの香港人民主派やデモ参加者が暗殺されて、海岸付近で遺体として発見されていたのですが、警察は全部「自殺」と公式発表していました。身の危険を感じた閻博士は、もちろん誘いを断ったそうです。


アメリカに亡命後も、国会で情報を証言した後にニューヨークに住む大学教授から、「３秒だけ会いたい」という連絡があったそうです。閻博士は「３秒で私を暗殺するつもりだったのか？」と怪しんでいます。

メディアでは報道されていないコロナウイルスの新情報

今年（２０２０年）５月下旬の情報です。中国のハルビン市内にもウイルス研究所が存在します。

今後、新型コロナウイルスはこちらから流出する可能性があります。

ちなみに、ハルビンのウイルス研究所では、動物を対象にした新型コロナウイルスの実験が開始されたそうですが、イタチ、猫、犬にウイルスを投与した結果、猫がもっとも感染しやすいという研究結果が確認されたそうです。

２０２０年4月、ホワイトハウスの署名サイト上で、ビル・ゲイツ氏が新型コロナウイルス開発に関与していた事実を調査しようという署名活動が開始されました。中国共産党の御用メディアは、こぞってビル・ゲイツ氏を「慈善家」と礼賛しているのですが、これはゲイツ氏が大規模なワクチン製造工場を中国に設置したことが要因でしょう。また、トランプ大統領がＷＨＯ拠出金を停止した後にビル・ゲイツ財団がすぐに2・5億ドルの資金をＷＨＯに寄付したのですが、これは新型コロナウイルス開発を隠蔽することが目的と推測されます。

現在、新型コロナウイルスの発生源は、武漢市の河南海鮮市場で食肉用として販売されていたコウモリだと世界中のメディアは報道していますが、閻博士の証言によると、実は河南海鮮市場ではコウモリは販売されていないそうです。新型コロナウイルス発生後、中国政府は河南海鮮市場に訪れたことがない武漢市民に対して、新型コロナウイルスの治療を行わないという理不尽な法律を制定しました。無理やり河南海鮮市場を新型コロナウイルスの発生源と結び付けるための世論誘導工作が目的でしょう。

バノン氏によると、河南海鮮市場で新型コロナウイルスが発生する以前の２０１９年12月8日時点で、イタリアのミラノ市とトリノ市の下水道で新型コロナウイルスの陽性反応が確認されたようです。これは、バイオテロを目的に中国政府の関係者がウイルスを散布した可能性があります。

このような危険性が考慮されるため、現在日本で推進されている水道民営化はとても危険な発想であることを、ここで忠告しておきます。

閻博士により世界中に報道された新型コロナウイルスの真実

2020年7月9日、閻博士が自らの命も顧みずアメリカのFOXテレビの報道番組に出演した際、「私の告発は政治的意図はなく、全人類の命を助けるためだ」と冒頭で発言しました。また新型コロナウイルスについては、「世界のウイルス学者、医者たちは勝手に定義しないでほしい。なぜなら、あなたたちはこのウイルスの『本当の正体』をわかっていないから」「集団免疫を期待しないでください」「2メートル以上の社交距離を持ってマスクをつけてください」「有効なワクチンの開発は奇跡がない限り、難しいです」等の警告を行いました。

20年7月12日付の産経新聞に、閻博士の証言として掲載された記事は、前述のFOXテレビの放送内容の引用でした。実際、FOXテレビは彼女に4時間のインタビューを敢行しました。その全内容は、今後少しずつFOXテレビの番組上で公開される予定のようです。

亡命に成功し、5月7日にアメリカ国籍を取得した閻博士の会見放送が7月9日までずれ込んだ理由は、トランプ政権が中国を牽制（けんせい）する外交カードとして、さらにはトランプ大統領が大統領選を見すえて良いタイミングとなる機会をうかがっていたことが要因でしょう。彼女の証言は、親中国のアメリカ民主党にとって致命的な一撃になったのではないかと思います。

前述したように、閻博士の証言によって新型コロナウイルスに関する様々な事実が明らかになったのですが、最も衝撃を与えたのは、WHO顧問であり研究所時代の閻博士の上司でもあったマリック・ペリス氏、閻博士の主人で研究所の同僚でもありスリランカ人男性らが「新型コロナウイルスを開発していた」という話でした。

閻博士の会見が行われた後、FOXテレビ側がWHOに電話連絡で質問すると、WHO側は「ペリス氏はWHOの正式な職員ではありません。外部から派遣された顧問です」と、自らが悪行に関与したことを否認しました。これは中国企業が日本に対して「毒餃子事件」（2008年に発生した、日本に輸出された中国製の冷凍餃子に毒性の強い「メタミドホス」という成分が含まれていた事件）が発生した後で「犯人はアルバイトだ。弊社と関係ない」と責任逃れした事実と類似しています。ごまかしは中国の「十八番」です。

実はFOXテレビでの閻博士会見の放送直前に、北京市に所在する習近平指導部からホワイトハウスに対して、「彼女の告発内容を放送するな！」と恫喝（どうかつ）のような電話連絡が計4回かかってきたそうです。またWHO側からは8回ほど「お願い！　放送を中止してください！」といった懇願（こんがん）の電話がかかってきたという噂もささやかれています。

このような事実を日本の主要メディアが報道しない理由は、習近平指導部からの圧力か、中国関連のスポンサー、広告主に対して忖度(そんたく)しているのではないか？　と、僕は推測しています。

新型コロナウイルスが人工生物兵器である確固たる証拠

20年7月28日、閻博士はバノン氏らとともにワシントンDCのスタジオで記者会見を行いました。会見を聴取していたのは、アメリカの主要マスメディアやウイルス専門家、ホワイトハウス内の要人といった面々でした。会見後に行われた閻博士に対するインタビューによると、ピーター・ナヴァロ顧問も出席したようです。

以下のインタビュー記述は、閻博士が行ったスピーチの内容の抜粋に、独自の解説を加えたものです。

バノン：「新型コロナウイルスの正体について教えてください」

閻：「1月12日、（中国政府の指示で）武漢P４研究所の石正麗研究員が『ＲａＴＧ13』という自称・新型コロナの遺伝子配列を公開し、ただちにＮＩＨ（米国国立衛生研究所）のデータベースに掲載されました。しかし、翌1月13日、タイで新型コロナ感染者が発生しました。これは中国以外で初めて確認されたコロナ患者です」

（解説）

この事例が発覚するまでは、中国政府は新型コロナのウイルス株の見本を海外に提出することを拒否していました。実は中国政府による目論見があったのです。

閻：「タイの患者の体から抽出されたウイルス株の遺伝子配列を、石正麗が提出したＲａＴＧ13ウイルスと比較すると、別物だと判明しました。石正麗氏が提出したのは自然発生のウイルスです。しかし、タイの患者から抽出、分解したウイルスの遺伝子配列は、『舟山（ゾウーサン）コウモリ』という人民解放軍生物化学部隊が保管している『ＺＣ45』と『ＺＸＣ21』ウイルスの遺伝子配列と非常に似ています」

（解説）

つまり中国政府は最初から世界にＲａＴＧ13という天然ウイルスの存在を吹聴し、それを各国のウイルス研究者に分析させることで新型コロナウイルスが自然発生のものだという世論が生まれることを期待していたのです。

閻：「警察は犯人を特定する際に指紋を比較して容疑者を絞り出します。ウイルスの指紋は遺伝子配列のことです。遺伝子配列を分析すれば、ウイルスの正体を特定できます」

（解説）

中国政府・および人民解放軍ウイルス研究所が新型コロナウイルスの（COVID－19）製造場所を隠そうとした意図は明らかです。

バノン：「それでは、新型コロナウイルスが自然発生のウイルスではないことを証明してください」

閻：「新型コロナ（COVID－19）と（2003年、広東省で発生した）SARSウイルスを比較したところ、自然発生のコロナウイルスであるSARSを牛と例えると、新型コロナは一見牛に見えるが、頭は鹿です。さらにウサギの耳が生えている、猿の手が生えてる、そのようなものが自然発生と言えますか？」

バノン：「ウイルスが人工的に製造された目的は、もしかしてSARSのワクチン開発用という可能性はありますか？」

闇：「ワクチン開発を目的とする場合、人間に無害のウイルスをベースにします。例えば、あなたが子供におもちゃの銃を渡す場合、わざわざ鋭いナイフや本物の弾丸を発射できる銃を渡しますか？　そのようなことはありえないでしょう」

バノン：「つまり、あらかじめ殺傷力を期待して設計・製造された人工ウイルスということですね？」

闇：「その通りです」

〈解説〉

ウイルス研究科学では「遺伝子配列比較」という基礎的知識が存在します。新型コロナウイルスを自然発生のウイルスと比較すれば、人工的に編集された痕跡が明確に存在します。

この記者会見の場以外にも、閻博士はバノン氏が運営する番組「ｗａｒ ｒｏｏｍ」に出演して、このような内容の証言を行いました。コロナウイルスにはＥタンパクというタンパク質が存在します。ウイルスが生物種を越えたことで変異すると、かならずＥタンパクも同時に変異しなければなりません。しかし、コウモリから発見されたコロナウイルスと人間に感染する新型コロナウイルスのEタンパクを調査すると、ほぼ変化は確認されませんでした。つまり自然変異であるという説は嘘です。このような現象は、人工ウイルスでしか起こりえません。中国政府が主張するコウモリから人間へ感染するという理論は破綻しています。

驚愕するべき武漢ウイルス研究所の秘密

閻博士がアメリカで内部告発した直後、香港の大手IT企業家・袁弓夷氏もアメリカに亡命しました。現在の彼はアメリカのとある有名なウイルス学者（安全性を考慮して氏名は非公表）の家に避難しています。そのため、袁氏は武漢P４ウイルス研究所の情報を数多く入手しています。次の記述は袁氏の証言を再構成したものです。

２０１９年10月、中国外務省の王毅外相はアメリカのトランプ政権が中国に対して貿易関税の引き上げを決定したことに激怒し「これ以上やると、パンドラの箱を開けるぞ」というトランプ大統領に対する恫喝のような言葉を会見の場で発したのです。

実は、武漢P４研究所の入り口付近のロビーの床には、実際に「パンドラの箱」の模様のタイルが設置してあるのです。もしかしたら、新型ウイルスは王毅外相が報復としてアメリカ経済を壊滅させるために故意に散布を命じたものなのでしょうか？　真相はわかりません。しかし、中国共産党の本性をよく理解している中国人ならば、そのような事態は「ありえる」と答えるでしょう。

また、武漢ウイルス研究所が設立された当初、フランス政府が支援していましたが、研究所の完成以降、中国政府が勝手に改築しました。本来は絶対にウイルスが外部に漏れないようにするための陽圧ドアを取り除いたのは、自由にウイルスを搬送できるようにすることが目的と見られます。また一階は軍事用ウイルスの開発室、二階は民間用ウイルスの開発室へと「魔改造」したのです。

武漢のウイルス研究所が運営を開始した後、WHOだけではなく、スリランカ政府も生物兵器製造の技術を提供しました。その見返りとして、習近平主席が2019年年末にスリランカ政府に2億ドルの資金を提供しました。さらに、現在、中国政府の出資により中国全土に計13～14棟ものウイルス研究所が増設されています。20年の2月には寧波に新設されました。建設費は一棟につき約500億人民元（7500億円）です。新型コロナウイルスが感染拡大している最中に中国政府が莫大（ばくだい）な資金を投資して危険性の高いウイルス研究所を建設する理由は、習近平政権が生物兵器の効果を確証したからでしょう。さらに、各国の危機に乗じてチャイナマネーで他国の土地を買収して侵略的行為を行うことが目的としか考えられません。

解明されつつある新型コロナウイルスの正体

香港大学のP3ウイルス研究所は、アジアトップレベルのコロナウイルスに関する研究設備を誇っており、WHO認可のもと武漢で解明不可能なウイルス株は全て香港に送られて研究されています。それらのデータはＷＨＯに報告する義務が課せられています。

閻博士の調査により、２０２０年1月の時点で、武漢では新型コロナウイルスにより目と神経にダメージを負った人物が存在したことが発覚しました。彼女は新型コロナウイルスが原因で死亡した人物の遺体を解剖した実績もあり、ウイルスが人間の体内でどこまで拡散するか把握しているようです。

しかし、中国のメディアは1月の時点では肺炎の症状のみを報道していたのです。僕が日本人の皆様に肺炎以外の症状が存在するという情報を伝えたのは1月に入ってからですが、その事実は日本のメディアでは報道されていませんでした。

閻博士によると、昨年（２０１９年）の11月9日からすでに路徳、バノン両氏に、新型コロナウイルスが人工的に改造された可能性があることをオンラインで伝えていたそうです。閻博士が比較ウイルス学という方法で新型コロナウイルスの研究を行った結果、過去に自分が研究項目で取り扱ったウイルスと同一の遺伝子配列であることが発覚しました。つまり、以前より中国政府が人工ウイルスを研究・開発していたことが判明したのです。閻博士は医学博士、ウイルス学博士、医者の三つの免許を所得しているエキスパートであり、彼女の見解は非常に信頼できるものです。

新型コロナウイルスの流行後、２人の中国人ウイルス研究員がコロナの遺伝子配列を「Ｎａｔｕｒｅ」という科学雑誌で発表し「コウモリが由来」だと断言しましたが、それは明らかなフェイクでした。3月には、上海公共衛生臨床センターの張永振教授らが正確な研究に基づいたウイルスの遺伝情報を公開しましたが、その後センターは閉鎖処分となりましたが、これは中国政府の圧力によるものでしょう。その直後、中国政府は「科学論文を国外で発表するためには、中国政府の検閲が必要、勝手に提出すると犯罪」という法律を制定したのです。新型コロナウイルスの存在をいち早く公開した李文亮医師はウイルスの知識に乏しく、中国政府の監視対象外だったのです。

現在の中国では、ウイルス専門の研究員たちは、全員が厳しい管理体制下に置かれています。

ウイルスを利用した中国政府とWHOの陰謀

2020年8月4日、「war room」で閻博士が行った証言によると、2月10日にWHOのテドロス事務局長をはじめとする役員と研究チームが訪中した際、新型コロナウイルスの発生源である武漢には訪れず、北京市内のホテルで会議を行ったそうです。

会議の内容は、新型コロナウイルスの発生源を調査することではなく、いわゆる「アフター・コロナ」。新型コロナウイルスが世界に拡散した後にワクチン開発や中国以外の世界の経済的損失によって中国政府が得る利益から、WHOにどれくらいの割合で山分け分が振り込まれるかという内容でした。これが事実であることは、閻博士が手元に持つ資料に記載されていますので、詳細は後の章で公開します。

また、現在中国各地のウイルス研究所では、人民解放軍生物兵器研究所が保有している「舟山コウモリのコロナウイルス」をベースにして、より感染力と殺傷力が強いコロナウイルスを製造しようとする増強実験が実施されています。しかも、コロナウイルス以外の様々な種類のウイルスも研究されているのです。

一例をあげると、閻博士の夫は、過去に中国政府の発注により「西ナイルウイルス」の研究を行っていました。西ナイルウイルスは鳥を宿主として蚊を媒介にして人間に感染する性質を持ちます。人間が感染すると、８割は無症状のままですが、発症すると人間の神経系が攻撃されて急死する場合もあります。未だにワクチンが開発されていないこともあり、閻博士の夫は恐れながら研究していたようです。

現在、我々が危機に瀕(ひん)している新型コロナウイルスは、中国が製造する人工ウイルスのうちの一つにすぎません。「ウイルス兵器」のサンプルは中国各地のウイルス研究所に保管されています。そのため、中国政府は絶対にウイルス研究所を公開して国際調査が行われることを認めていません。しかも、ＦＤＡ（米国食品医薬品局）やビル・ゲイツ財団も中国の研究に制約利権という形で資金を提供していた事実が存在します。

注釈：訪中時にテドロス事務局長に同行した一人はＷＨＯ上層部に在籍する「陳馮富珍」(Margaret Chan Fung Fu-chun) という女性医師です。彼女は中国とカナダの二重国籍を持ち、ＷＨＯ内部では中国共産党の工作を担当しています。陳馮富珍の当選を推薦したのは、中国政府です。つまり、中国政府の斡旋（あっせん）で親中派のテドロス氏を事務局長に当選させたのとまったく同じ手口です。

第3章

「超限戦」の第二波

コロナ禍に乗じる
恐怖の「特定民族ジェノサイド計画」と
製薬企業の利権の闇

２０２０年７月半ばから、テレビ朝日をはじめとする左派系マスコミが日本の全国民に対するＰＣＲ検査を推奨し、それを日本の左派系ジャーナリスト・文化人たちが支持しています。しかし、そのころはすでに中国の北京、大連、新疆（しんきょう）ウイグル自治区のウルムチ地域、さらに香港では、当該地域に住む市民全員を対象にした中国政府主導のＰＣＲ検査が強制実施されていたのです。

強制実施の真の目的は、ＤＮＡ収集の可能性が高く、さらに中国政府による逮捕や監視、さらに逮捕された香港人を臓器移植目的のドナーとして病院に移送する疑惑が浮上したため、地元の香港市民は猛烈な抵抗感を示していました。

20年8月3日、香港に中国からの医療チームが派遣され、香港全市民のＰＣＲ検査が実施されました。その際、香港政府はインターネット上に「ＤＮＡ収集が目的だ」という内容の言葉を投稿する人物を、デマを広めた容疑で逮捕すると宣言したのです。

また、検査で収集された唾液のサンプルは香港の僻地（へきち）に所在する「華昇科技」という企業のビルに搬送されることを地元の記者が特定しました。華昇科技の本社ビルはドアが厳重に閉められている状態で、企業が運営しているようには見えません。さらに「華昇診断中心」という検疫センターは「華大基因集団」（ＢＧＩ）という組織の子会社であることが判明しました。

以前、華大基因集団の公式ホームページ上で、華大基因集団が天津第一中心医院と提携することが発表されました。天津第一中心医院はアジア最大級の臓器移植病院です。華大基因集団もまたＤＮＡ解析に関してはアジア最大級の企業であり、医院にドナーのＤＮＡデータを提供する業務を担当しています。

手掛華大基因集団が20年6月に発表した中間期の業績予測は、純利益が15億3000万～16億3000万元（約234億～249億円）となり、前年同期の7・7～8・2倍に拡大する見通しです。

さらに詳しく調査すると、華大基因集団の実情は中国国家DNAセンターの別名義であり、

1）治安維持の名目で国民を総監視
2）世界規模の臓器移植ビジネスに協力する
3）特定の人種をジェノサイドするためのウイルス兵器の開発

の三つの目的を実現するために設立された組織だったのです。

現在、華大基因集団は、すでに全ウイグル族の99・7％の血液見本を収集しているそうです。

アメリカ商務省の企業ブラックリストに載っている11社のうち中国の「新疆華田ゲノミクス」と「北京六和華田ゲノミクス」の2社は、ウイグル族をさらに弾圧するためウイグル族の遺伝子研究を強制的に収集した容疑で告発されています。

新疆華田ゲノミクスと北京六和華田ゲノミクスは、同じく中国のバイオテクノロジー企業である「深セン華田ゲノミクス」の傘下にあり、香港でのウイルス検査を行うために食品衛生局（ＦＨＢ）に採用されたのは、「公衆衛生を守るためには、最短期間で大規模な検査を開始することが急務」と公表しています。

特定の民族・人種に対するジェノサイド目的のＤＮＡビッグデータ収集、その目的は？

9月下旬、ソフトバンクGは２０００円で日本国民の唾液を収集してＰＣＲ検査サービスを提供し始めたが、こんな廉価なＰＣＲ検査にほかの目的があるでしょうか？

通常の民主主義国家では、病院に保管された患者のＤＮＡサンプルは患者の個人情報を守るために、退院時に破棄しなければならないという法律が制定されています。日本の病院でもこの法律は適用されていますが、中国政府主導のサイバー攻撃によって、日本人のＤＮＡ情報が中国共産党の手に渡る可能性も十分あります。これは単なる憶測ではありません。

すでに20年の5月に開催されたＥＵ連合会議の場で「2月から実施された中国政府主導のサイバー攻撃によるイタリア、スペインなどのＥＵ加盟国の病院に対する患者のデータとワクチン開発情報を盗む行為を断じて許さない」という非難声明が発表されました。アメリカ国内の病院も同様の被害に遭っており、アメリカ政府も似た内容の非難の声明を発表しました。

しかし、日本の左派系メディアは、このような事実をあえて黙殺しているような印象を受けます。それは中国共産党による日本人のＤＮＡ収集、中国共産日本人ジェノサイド計画に加担する行為にしか思えません。後に、孫正義会長が日本人のＤＮＡ情報を中共に転売する可能性は否定できません。

これから、日本の人々は自分のＤＮＡ情報を最高レベルの個人情報として保護する意識を持つ必要があります。なぜなら、ＤＮＡの活用方法は、近い将来さらに広範囲のものとなるからです。

例えば、日本の閣僚や企業経営者など重要人物のＤＮＡを分析し、どのような症状に耐性を持たないかを解析すれば、ウイルスを散布するなどして、その人物を化学的に暗殺することが可能でしょう。その人が病死すれば、日本のメディアは、おそらく単なる病死と報道するでしょう。すでに中国では工作員や役人が病気で不審死した例が数百件あります。

仮に数千万人の日本人のＤＮＡ情報をＡＩ（人工知能）で分析することができたら、日本人を民族単位で抹殺する人工ウイルス兵器の開発も可能です。

前章で解説したように、ＡＣＥ２タンパク細胞の遺伝子配列を微調整するとウイルスを受容しやすい人種を指定することが可能です。わかりやすく例えるならば、ミサイルが攻撃しようとするターゲットをロックオンする装置のようなものでしょう。

２００８年に設立された国際組織「１０００人ゲノムプロジェクト」が発表したＡＣＥ２タンパ

ク細胞を調査した報告によると、２０１９年に新型コロナウイルスを受容しやすい人種のランキングは次のようになるそうです。

1位　日本人（東京都内）
2位　中国人（漢族の南方人）
3位　東アジア人（日中韓）
4位　ベトナム人（ホーチミン市）
5位　中国人（漢族の北京人）
6位　中国人（雲南省シーサンパンナのタイ族）
以下は欧米人、中東人です。

つまり、もしコロナウイルスが本当に中国共産党・人民解放軍が開発した生物兵器ならば、大量虐殺の最大のターゲットは日本人ということになります。ちなみに2位の「南方漢族中国人」ですが、中国南方に住む人物は、香港人のことなのでしょうか。
日本人を大量虐殺して日本の領土を乗っ取り、次は大量の中国移民を送り込むというのが、中国政府の最終目標でしょう。今まで陰謀論と思われていたチベット、ウイグルで行われている先住民への民族浄化、侵略行為と戦略的には完全に一致しています。

「ｗａｒ ｒｏｏｍ」で言及された「ｄｅｅｐ ｓｔａｔｅ」とは？

アメリカ民主党とリベラル系資本家たちは中国政府と連結して様々な権力を握っています。これらは、現在のトランプ政権以外にアメリカ全土を支配する「ｄｅｅｐ ｓｔａｔｅ」（深層政府）と化しています。中でも最も恐れるべきは製薬企業の利権です。

実をいうと、新型コロナの致死率を抑える薬品はすでに存在します。それは前章でも紹介したヒドロキシクロロキンのことです。しかしヒドロキシクロロキンは安価な薬品であるため、流通しても製薬企業は大きな収益をあげることはかないません。この情報を隠蔽するために、製薬会社はＩＴ業界と組んで言論統制を開始したのです。

20年7月28日、新型コロナウイルスの治療にヒドロキシクロロキンが有効と訴える内容の動画がＴｗｉｔｔｅｒやＦａｃｅｂｏｏｋに一斉に投稿され、その直後に削除されるという事態が発生しました。動画を投稿したのはジェームズ・トダロという眼科医師で、削除されるまでに１７００万回以上再生されました。

この時、トランプ大統領の長男ドナルド・トランプ・ジュニア氏もＴｗｉｔｔｅｒにヒドロキシクロロキンの有効性を投稿したそうですが、アカウントが一時凍結されたということです。あまりにも迅速な各社の対応から、ヒドロキシクロロキンが有効という情報は、圧力により黙殺されたと考えるのが妥当ではないでしょうか。

ヒドロキシクロロキンの「副作用が大きい」は嘘だ

その後、アメリカの医師グループが、アメリカの最高裁判所の前で製薬会社の闇とヒドロキシクロロキンの有効性を訴える動画をＳＮＳに投稿したのですが、こちらも削除されています。ＹｏｕＴｕｂｅ上にはまだ動画が存在しますので、こちらを閲覧することをおすすめします。

この動画の参加者の１人であるステラ―氏というアフリカ系アメリカ人女性は、ヒューストンの病院に31年間勤務する現役医師です。彼女は自身の経験に基づきＦＤＡ（米国食品医薬品局）の発表を「ｆａｋｅ Ｓｃｉｅｎｃｅ」（偽科学）と猛烈に批判しました。

ステラ―氏が勤務する病院は、３５０人ものコロナ感染者を治療した実績を持ち、死者はまだ発生していません。中に糖尿病合併症を発症した高齢患者も存在しました。このような素晴らしい実績を、なぜかアメリカの製薬業界は極力隠蔽しています。

ヒドロキシクロロキンの価格は中国では一錠26元（４００円）、日本では５００円ほど。しかも、数十年前から使用され特許期間が終了しているため、流通しても利益が得られない製薬会社が、必死に薬の効果を否定しているのです。

アメリカのトランプ大統領は、以前からヒドロキシクロロキンを常飲している、予防効果があるとホワイトハウスの記者会見で証言しています。さらに、中国と仲の良いロシアのプーチン大統領も飲用している証拠が発見されました。

20年4月4日、中国の杭州（こうしゅう）空港から、約127万錠のヒドロキシクロロキンをロシアに輸出しました。しかも迅速に検閲許可が下りたそうです。おそらく、習近平主席が友好国のリーダーであるプーチン大統領にヒドロキシクロロキンを提供し続けているのでしょう。プーチン大統領が陽性患者と濃厚接触してもウイルスに感染しないのは、ヒドロキシクロロキンの効果によるものだと思われます。

バノン氏による、deep state（深層政府）に対する宣戦布告

2020年7月29日　ホワイトハウスのピーター・ナヴァロ顧問は、ヒドロキシクロロキンの効果に対して、次のように発言しています。

「この薬は65年の歴史があり、医者の指示を守って服用すれば、問題ありません」

「もし私の証言が正しいなら、アメリカ人のコロナによる死者は半減するでしょう」

「私は60点以上の論文を拝読し、ヒドロキシクロロキンがコロナの初期治療にとても有効であることを確証しました」

「もし私の理論が正しければ、アメリカ人コロナ感染者の大半が左派メディアに殺されたに等しい」

「本当に有効な薬に関する情報を弾圧したＩＴ企業を制裁しなければなりません」

実は現在のアメリカ国内の病院では、医学会上層部からの指示で、患者にヒドロキシクロロキンの投与は禁止となっています。これはｄｅｅｐ ｓｔａｔｅによる製薬企業の利益を守るための働きかけによるものでしょう。

この事態についてバノン氏は、中国政府から援助されて情報隠蔽を行うＩＴ企業側の制裁を公言しています。いわば、アメリカの言論の自由を守るために、ｄｅｅｐ ｓｔａｔｅに対して宣戦布告したのです。

コロナウイルスにより実現しつつある中国政府の野望

中国政府はすでにヒドロキシクロロキンの有効性を熟知しており、習近平主席をはじめとする中国共産党幹部と人民解放軍高官は、２０１９年12月から服用していることは前章で述べました。

しかし、中国の機関メディアはその事実を完全に隠蔽しています。その理由は世界中にコロナウイルスが蔓延し、現状よりもさらに多くの犠牲者が発生したタイミングで中国製のワクチンと新薬を世界に売り出して多大な利益を得ることを狙っているからです。また、日本をはじめ世界各国の企業がコロナ禍による経済活動の停滞の影響で倒産する事態になっていますが、中国資本はそれらを次々と買収することを計画しています。

まさに、新型コロナウイルスは製造が廉価かつ複数の効果が見込める「超限戦兵器」（ハイブリッド兵器）です。

トランプ大統領の暗殺計画⁉

２０２０年8月7日、トランプ大統領は記者会見の場で「私が公衆の面前に出るのは最後かもしれません」と、恐るべき発言をしました。トランプ大統領が製薬会社の利権を気にせず、20年7月25日、アメリカの基礎薬品の価格を引き下げる行政指示を発令したことです。

トランプ大統領が製薬企業と衝突したことにより、命を狙われる危険性が発生しました。利権を守ろうとする製薬企業は、暴力団まがいの危険な存在です。

トランプ大統領が発令した米国の処方薬市場を再構築する四つの執務の内容は、次のとおりです。

1）インスリンやエピネフリンの価格を大幅に引き下げること

2）州や薬局、卸業者がカナダなどの国から処方薬を安全かつ合法的に輸入できるようにするこ

と

3）中間業者が製薬会社から受け取る売上割戻を患者に還元すること

4）Ｍｅｄｉｃａｒｅ（連邦政府医療保険計画）が処方薬の提供者に支払う価格を、他の先進国の同じ処方薬の最低価格に基づいて設定すること

自分の生命が脅かされるにもかかわらず、高齢層や貧困層を救済するために製薬利権の過大利益に挑戦したトランプ氏は、アメリカ史上屈指の偉大なる大統領と言えるでしょう。

そして、20年8月11日、トランプ大統領がホワイトハウスに設置された会場で記者会見を行っている際、銃を所持した男性が会場に侵入しようとしたため、警備員がその男性を逮捕しました。彼が犯罪行為をした動機は不明ですが、医薬利権の件でトランプ大統領を暗殺しようとした刺客ではないかと推測されています。

また、ＡＢＣ通信の報道によると、20年8月15日13時ごろ、トランプ大統領がニュージャージー州のトランプ・ナショナル・ゴルフクラブのゲストハウス内で休憩している時、正体不明の無人機「ＶＲ－7」がゴルフ場の飛行禁止区域に侵入しました。北米航空防衛司令部（ＮＯＲＡＤ）は、ただちに戦闘機とヘリコプターをスクランブル発進させて無人機を迎撃したのです。

ＮＯＲＡＤによると、不明無人機に通信しようとしても反応しなかったそうです。

その後、ＵＳＳＳ（米国連邦シークレットサービス）がトランプ大統領の身の安全に

問題なしと報告しました。この事件の首謀者は製薬利権と関連する人物と推測されます。

（参考サイト）

https://abc7ny.com/us-fighter-jets-intercept-small-plane-near-trumps-bedminster-club/6372419/
https://www.itmedia.co.jp/news/articles/2007/29/news066.html
https://jp.techcrunch.com/2020/07/29/2020-07-28-twitter-donald-trump-jr-frontline-doctors-viral-video-misinformation/
https://www.youtube.com/watch?v=xO6dLyJhZWA
https://vpoint.jp/world/china/156896.html
https://cn.wsj.com/articles/特朗普计划签署旨在降低药品价格的行政命令-11595640908

第4章

「超限戦」を断じる

ポンペオ国務長官による「断中」演説

２０２０年7月23日、アメリカのマイケル・ポンペオ国務長官は、カリフォルニア州のリチャード・ニクソン大統領図書館内で「共産主義中国と自由世界の未来」と題した演説を行いました。ポンペオ長官がこの図書館を演説の会場に選んだ理由は、リチャード・ニクソン元大統領が中国に対して設立した「友好のドアを今日で閉鎖する」という強いメッセージを含めたためだと僕は思います。

ポンペオ長官は演説の中で、招待者で天安門事件の当事者でもある「中国の民主化運動の父」と呼ばれる魏京生氏と天安門事件時の学生グループのリーダーだった王丹氏に特別な賛辞を送りました。他にも会場にはトランプ政権の対中国戦略顧問・余茂春氏や香港の企業家・袁弓夷氏らが招待されていました。実は袁弓夷氏は反中対策のブレーンとして、たびたびアメリカ政府から呼ばれている、いわば対中政策の準顧問といえる人物です。

この演説は、アメリカ政府による中国共産党政府に対する「宣戦布告」でした。もし、近い将来中国共産党が崩壊したら、この日は歴史的な一日として世界中の教科書に記載されるでしょう。

しかし、日本のメディアは中国へ忖度したのか、この演説が行われたことを報道しませんでした。以降、ポンペオ国務長官の演説内容の抜粋を記載します。

中国と国交を結んでおよそ50年間、アメリカ国民は何か成果を得ましたか？　アメリカの歴代大統領が期待していた中国の民主化は実現しましたか？　中国政府が宣言した米中のｗｉｎ－ｗｉｎ関係は実現しましたか？　さらに国務長官の立場から見て、アメリカは安全な国になりつつありますか？　私たちと私たちの子孫の未来は幸せなものになるでしょうか？　答えはノーです。
ニクソン元大統領訪中後の米中関係は異なる国同士の、数十年にわたって蓄積されてきた巨大な不均衡のようなものです。そして、その元凶は中国共産党の覇権主義的な政策であることは明らかです。

私たちの目標は、トランプ政権の対中政策により明らかになった中国の脅威を打ち払い、アメリカの自由を確保するための戦略を打ち立てることです。

今日の私の目標は、アメリカ国民のために、中国による脅威がアメリカの経済や自由、さらには世界中の自由民主主義の未来にとって、どのような意味を持つのかを詳しく説明することです。

２０２２年はニクソンの中国訪問から50周年。ご存じのように、当時は現在とは世界の状況が大きく異なっていました。私たちはかつて、中国と協力し合うことが明るい未来につながると想像していました。しかし、中国共産党が世界との約束を果たさなかったために、今日も私たちはマスクを着用し、パンデミックによる死者の増加を目の当たりにしています。毎朝、香港と新疆ウイグル自治区への人権弾圧、中国の貿易不正行為に関する驚異的な統計を目の当たりにします。

私たちは真実を認めなければなりません。習近平が望んだ中国の世紀ではなく、自由な21世紀を望むのであれば、今後数年、数十年の間に、今までのように中国が世界を席巻している世界は続けられません。この中国支配の現状を永続させてはなりません。未来も変えなければならないのです。

トランプ大統領は、アメリカの経済と私たちの生き方を守るための戦略が必要だと明言しています。自由の世界は、必ず中国の暴政を倒さないといけません。

私は、当時のニクソンの遺産を貶めようとしているわけではありません。彼の対中政策はアメリカ国民にとって最善の行為だったと信じています。彼は優秀な中国研究者であり、冷戦下のタフな戦士であり、中国の文化や人々に憧れていた――当時は私たち皆がそうだったと思います。中国が共産党の専制政治により弱体化していたにもかかわらず、ニクソンが中国を無視してはならない重要な存在であると認識していたことは十分認めなければならないでしょう。

1967年、ニクソンは「Foreign Affairs」という雑誌に掲載された記事内で、今後の対中戦略を説明していました。ニクソンは「長期的な視点で見れば、中国を世界の有効の輪から永遠に排除してはならない。中国が変わらない限り世界は安全ではない。したがって、アメリカが中国に影響を与えることができる範囲で、私たちの目標は、中国の民主化の変化をリードするべきです」と述べています。この記事のキーワードは「中国の民主主義の変化を導く」ことだと思います。

このように、ニクソンの歴史的な北京訪問を機に、私たちの中国との交流が始まったのです。ニクソンは気高く、より自由で安全な世界を求めました。彼は中国共産党がその約束に応えてくれることを期待していました。時が経つにつれ、アメリカの政治家たちは、中国がより豊かになれば、開放的になり、国内はより自由主義的になり、外部からの脅威は少なくなり、より友好的な国家になるだろうと考えるようになったのです。全ては実現するかのように思われていました。

しかし、理想を描いた時代は終わりました。私たちが行ってきた中国に対する政策は、ニクソンが望んでいたような変化を中国にもたらしていません。

事実、アメリカと日本など他の自由民主主義国家の対中優遇政策のおかげで、中国は過去の毛沢東時代の経済的失敗から蘇りました。しかし、北京政府がその恩を忘れて、中国共産党を養う国々の手に噛みついて恩を仇で返す形になってしまいました。

私たちは中国の市民に対して門戸を開き、その見返りに中国共産党は私たちの自由で開放的な社会を利用し続けました。中国は、私たちの記者会見の場や研究センター、高校や大学、さらには保護者会の会議にまで（中共の）プロパガンダを送り込んできました。かつて我々が疎外した台湾の友人たちは、のちに活気ある民主主義者へと成長しました。

私たちは中国共産党とその政権そのものに経済的な優遇策を与えて中国共産党が欧米企業の中国進出を許す代償として中国の人権侵害に対する欧米企業の沈黙を見過ごしてきました。

先日、オブライエン大使はいくつかの例を挙げました。マリオット航空、アメリカン航空、デルタ航空、ユナイテッド航空などのアメリカの各航空企業は、中国政府を怒らせないよう、それぞれの企業のウェブサイトから「台湾」の表記を削除しました。ここから遠くないところに位置する、アメリカの映画製作の中枢であり、自称「社会正義の裁者」でもあるハリウッドは、「中国政府にとって都合の悪い表現」を、自主規制的に作品から排除しています。

アメリカだけではなく世界の企業が、中国共産党が定めた表現規制ルールを黙って受け入れています。これらの企業の（中国共産党への）忠誠心は、どれほどの効果があるのでしょうか？ 彼らの卑屈な態度に対して、中国政府からどのような見返りがありましたか？

先週のバー司法長官の演説で、「中国と米国間の貿易ではない、中国がアメリカを略奪しようとしています」という言葉を引用させていただきます。

中国がアメリカの重要な知的財産や企業秘密を盗んだことで、全米で何百万人もの雇用がアメリカ企業の中国国内への工場移設により中国に奪われています。

アメリカからサプライチェーンを吸い上げて、中国国内で奴隷のような労働システムを設立しました。それは、国際標準に照らし合わせれば非常に危険なものです。

ニクソンはかつて、中国共産主義者に世界を開放した場合、恐るべき「フランケンシュタインの怪物」が誕生するかもしれないと語ったことがあります。そして今、私たちは、その怪物に直面しています。

自由な世界に住む人々は、なぜ自由主義国家が中国の横暴を長年にわたって許してきたのか議論できます。私たちは中国の共産主義の歪みに対する認識が甘かったのかもしれませんし、冷戦後に共産主義が滅びることを信じていたのかもしれません。また、強欲な資本家たちが中国を増長させたのかもしれませんし、また、中国政府が掲げた「平和的発展」のレトリックに騙されていたのかもしれません。理由が何であれ、現在の中国はさらに覇権主義的になり、自由世界に対して牙を剥き出しています。

トランプ大統領は「もう十分だ」と言っています。今日引用した事例に異論を唱える人は民主党にも共和党にもほとんど存在しないと思います。しかし、いまだに「中国との対話のための対話」の外交政策を維持しなければならないと主張する人がいるのもまた事実です。もちろん、中国との対話政策は続ける予定です。しかし、その内容は従来とは異なるものです。

数週間前、私はホノルルで楊潔篪（ヤン・ジェーチー）中国大使と会いました。私は彼と多くの話をしましたが、今後の米中関係を変えようという意見は聞かれませんでした。今まで交わした楊大使との約束は、中国共産党が今までアメリカに対する態度と同様に中身のないものでした。

楊大使は、今までの政権がそうだったように、自分たちの要求をアメリカ政府が素直に受け入れることを期待していたのでしょう。しかし、私は受け入れません。もちろんトランプ大統領も同様です。

オブライエン大統領補佐官の態度は、アメリカ政府の意思をよく表現しています。「中国共産党政権はマルクス・レーニン主義政権であることを忘れてはなりません。習近平総書記は、このすでに破綻した全体主義イデオロギーを盲信しています」

習近平主席は、これから100年間にわたる中国覇権主義を望んでいます。米国はもはや両国の根本的な政治的・思想的な違いを無視することはできません。

私は下院情報委員会の委員を経て、中央情報局長、国務長官を2年以上務めた経験からこのような見解を述べています。「中国共産党を真に変える唯一の方法は、指導者が何を言うかではなく、指導者の行動に基づいて行動することだ」。この結論にアメリカの政策がどう反応しているかがわかります。

ロナルド・レーガン元大統領は、当時アメリカと敵対関係だった旧ソ連に対して「信頼しつつも、検証しなければならない」という態度を示したと述べていますが。しかし、私は中国共産党に対しては「私たちは必ず中国政府の言動を疑いながら、検証をしなければならない」という態度で接します。

現在、中国が私たちアメリカ国民とアメリカの繁栄を脅かしています。アメリカのような平和自由を愛する国は、ニクソンが望んだように、中国を変えていかなければなりません。

これからアメリカ国民、および日本などの友好国の国民は、中国共産党に対する見方を変えなければなりません。私たちは真実を知らなければならないのです。中国を普通の国と同じように扱うことはできません。

中国との交流は、普通の法治国家との交流とは違うことはすでに承知しています。中国政府にとって国際的な条約とは、世界の支配権を得るための手段にすぎません。

しかし、貿易協定を取り決めて公正な条件を主張することで、知的財産を盗み米国の労働者を苦しめる中国の横暴に立ち向かうことができます。

また、中国共産党が支援している企業と取引をすることは、一般の企業と取引をするのと異なることも承知です。多くの中国企業は国営で利益を追求する必要がなく、取締役会の意見も存在しません。

典型的な例が「Ｈｕａｗｅｉ」です。Ｈｕａｗｅｉは一般企業の皮を被っていますが、実態はあなたとあなたの友人との会話を盗聴することを目的とする企業です。私たちは、すでにＨｕａｗｅｉの正体を知っています。私たちはＨｕａｗｅｉがアメリカの国家安全保障上に対する脅威と認識し、すでに対策を施しています。

また、アメリカの会社が中国に投資している場合、意図的に、あるいは意図せずに、共産党による重大な人権侵害を支援している可能性があることも承知しています。

そのため、アメリカ財務通商省は、中国の指導者や世界中の人々の基本的権利を侵害している団体を調査して、ブラックリストに記載しました。いくつかの政府機関が協力して、中国のサプライチェーンがどのように機能しているか把握できるように、ビジネスアドバイザリーリストを作成しました。

また、在米の中国人学生や労働者の多くは、勉強や賃金を稼ぐことだけが目的でないこともすでに判明しています。司法省などは、すでに中国人犯罪者を厳しく罰する法律を制定しています。

ＰＬＡ（人民解放軍）も通常の国の軍隊とは異なります。その目的は、中国共産主義上層部の絶対的な支配権を維持し、中華帝国を拡大することであり、自国民を守ることではありません。

そのため、アメリカ国防総省は東シナ海、南シナ海、台湾海峡での船舶の航行の自由を守るために艦隊を派遣しています。そして、宇宙空間における中国の侵略行為を抑止するためにアメリカ宇宙軍を創設しました。

そして、国防総省は中国に対処するための政策を確立しました。それはトランプ大統領の目標である公正な米中関係を促進し、数十年に及んだ不平等の拡大を阻止することが目的です。

２０２０年7月27日、トランプ大統領は、ヒューストンの中国領事館の閉鎖を発表しましたが、その理由は総領事館がスパイ活動や知的財産盗用の拠点となっていたからです。今から2週間前には、南シナ海で中国の国際法に違反する支配が行われていることを改めて確認しました。

私たちは、中国に対して、核兵器保有数を現代の戦略的現実にもとづく範囲で規制しようと求めてきました。国務総省は、公平性と互恵性を要求するために、あらゆる分野で、そして世界に対する中国の公平性を求めるだけです。

しかし、私たちの政策は、強硬路線だけではありません。それでは理想とする結果が得られる可能性は低いでしょう。私たちは中国共産党の思想とは全く異なる、活力に満ちた自由を愛する中国の人々と交流し、中国共産党を打倒して中国国民全員を力付けなければなりません。

私は中国全土で、才能があり勤勉な中国人の男女に出会っています。新疆ウイグル自治区の強制収容所から脱出したウイグル族やカザフ人に会ったこともあります。陳枢機卿（すうききょう）から黎智英氏（林檎日報の創立者）まで香港の民主主義指導者たちから話を聞きました。２日前、ロンドンで香港の民主自由派主導者羅冠聡氏と会いました。先月は天安門事件の生存者から話を聞きました。今日はそのうちの一人が来ています。

王丹氏は、中国人民の自由を勝ち取るために戦い続ける戦士です。王氏は、皆様が挨拶できるように立ち上がってください。

（王丹氏が立ち上がる）

また、今日は中国の民主化運動の父と呼ばれる魏京生氏をご紹介します。彼は民主主義活動のために中国の労働収容所で数十年を過ごした。魏さん、立ち上がってくれませんか？

（魏京生氏が立ち上がる）

（一同拍手）

冷戦時、若者だった私は米陸軍に所属していました。軍で私が学んだことは、共産主義者はいつも嘘をつくということです。中国共産党がついた最大の嘘の一つは、常に監視され、抑圧され、恐怖にさらされている14億人の中国人の代弁者気取りをしていることです。事実、中国共産党は、どんな外敵よりもよりも中国国民の真実の言葉を恐れています。彼らは権力を失うことを恐れています。

想像してみてください、最初から武漢の医師の声を聞くことができたならば、中国国内はもちろんのこと、あらかじめ全世界に向けて新型コロナウイルスの発生について警鐘を鳴らすことができたら、現状ははるかに良いものになっていたでしょう。

あまりにも長い間、アメリカの指導者たちは、今我々が直面している中国政府の本質について警告してきた勇敢な中国の反体制派の言葉を無視したり、軽視したりしてきました。もはや、その言葉を無視することはできません。誰も彼もが知っているように、我々は決してかつてのような世界に戻ることができないことを知っています。

しかし、中国共産党を変革するのは、中国国民だけの使命ではありません。自由の国・アメリカには自由を守る義務があります。これは決して簡単なことではありません。でも、成し遂げる自信はあります。我々は、以前にも同様のことを成し遂げたからです。

中国共産党は、旧ソ連が犯した過ちのいくつかを繰り返し、実質的な同盟国を疎外した結果、国内外の信頼を失っています。アメリカは過去のような親中体制には戻りません。他の国も目を覚ましつつあります。何よりも、自由そのものが魅力的なものなので、自由な世界を守ることができると確信しています。

中国共産党が誇り高き都市・香港の支配権を握り締める中、海外に亡命する香港人を見てください。彼らはアメリカの国旗を振っています。

中華人民共和国は旧ソ連を上回る悪質国家です。中国政府は世界経済に深く浸透しています。しかし、実際は中国の我々に対する依存度は、我々の中国に対する依存度よりはるかに高いものです。

私は、「我々がこの世知辛い時代に生きているため、ある種の苦しみが運命づけられている」という考え方、そして「共産主義が我々の未来を支配するのは必然である」という考え方を否定します。アメリカは決して衰退しているわけではないので、私たちの中国政府を打倒するという挑戦は必ず成功するでしょう。今年の初めに、私がミュンヘンでの演説で言ったように、自由な世界はまだ優勢です。真実を知り、それを信じて、誇りを持てばいいのです。

世界中の人が開放された社会で暮らしたいと思っています。彼らはアメリカに学びに来ています。彼らはアメリカに来て働いて、家族のためにより良い生活を築こうとしています。彼らは中国に移住することを考えていません。

今、自由主義国が行動する時がきたのです。すべての国が同じように中国に対抗するわけではないし、対抗するべきではありません。しかし、すべての国家は、いかにして国家主権を守り、いかにして経済的繁栄を守り、いかにして中国共産党の魔の手で自国の思想が汚染されないようにするか考慮する必要はあるでしょう。

私はここで、すべての国のすべての指導者に呼びかけます、それは中国共産党政府に対して、互恵性、透明性、説明責任を求めることです。アメリカはすでに開始しています。中国政府は岩一枚ではない、少数の支配者の集まりです。

このようなシンプルながらも強力な約束事があれば、大きな対抗手段になるでしょう。我々はあまりにも長い間、中国共産党に好き放題やらせてしまいました。もはやそれは許されません。自由民主主義国家は、必ず原則となる基準を定めなければならないし、我々は同じ基準に基づいて行動しなければなりません。中国共産党の甘言にだまされて、世界的な基準を変更しないようにしてください。私たちのボーダーラインを死守するべきです。

米国は最近、南シナ海での中国の違法な領有権の主張をはっきりと拒否し、国民の個人情報が中国共産党の手に渡らないよう、各国にＨｕａｗｅｉ製品を排除して「クリーンな国」になるよう促しています。世界各国が基準を守るべきです。

ただ、各国が一斉に制裁を行った場合、中国政府による経済制裁など報復が開始する可能性があります。特に規模の小さい国家は大打撃を受けるでしょう。そのため、我々の同士になろうとしない国家も存在します。

実際、ＮＡＴＯの同盟国の一つは、中国市場を制限されることを恐れて、香港問題に対して抗議を表明しませんでした。そのような臆病な態度が歴史的な失敗を招いてきたのです。

しかし、ここ数年続いた失敗を繰り返すわけにはいきません。中国に立ち向かうには、ヨーロッパ、アフリカ、南米、特にインド太平洋地域の民主主義国と連携して全力で対抗しなければなりません。

今行動しなければ、共産主義中国は最終的には私たちの自由を侵食し、私たちが苦労して築いた民主主義のルールと秩序を中国に破壊される結果になります。今、私たちが中国共産党に跪（ひざまず）けば、私たちの子や孫は、中国共産党に奴隷のように支配されるでしょう。中国共産党の悪行は自由世界を脅かす最大の脅威です。

中国の習近平主席は、我々がそれを許さない限り、中国の内外で専制政治を永続させる権利はありません。ソ連は自国内のみで暴政を行っていましたが、共産主義中国はすでに私たちの国の中で暴政を行っています。これは私たちが直面している厳しい問題です。

しかし、国連、NATO、G7、G20、そして私たちが明確な方向性と大きな勇気を持てば、アメリカの経済力、外交力、軍事力を活かせば、この問題に対応できることは間違いありません。

おそらく、アメリカと同じ志を持つ国々が新しい民主主義連合を設立する時期がきているのではないでしょうか。その準備はすでに完了しています。そして、私たちはそれが可能であることを知っています。今必要なのは意志のみです。ここで聖書に記載された言葉を引用しましょう。

「確かに私たちの心には、やる気があります。しかし私たちの肉体は妥協したのですか？」

自由主義国家が共産主義中国を変えなければ、共産主義中国は確実に我々の社会を侵食するでしょう。現状が快適だから、便利だからといって、今までのように中国の言いなりになることは許されません。

共産主義中国から自由な社会を守ることは、私たちの時代の使命であり、アメリカはその使命を達成するための最高の立場にあります。なぜなら、私たちの国の建国の原則がその機会を与えてくれたからです。

私たちの国は、人権は不可侵の権利を持っていることを前提に設立されました。それらの権利を確保するのは政府の義務です。そのシンプルだが絶対的な事実によって、アメリカは中国を含む世界中の人々が憧れる自由の灯台となったのです。

リチャード・ニクソンは１９６７年に「中国が変わらないと世界は安全にならない」と記しました。彼は正しかった。彼の言葉に耳を傾けるかどうかは私たち次第です。

今は、明確な危険が迫っています。

今日は、世界が覚醒しようとしています。

今日、自由世界はそれに応えなければなりません。

過去には絶対に戻れません。

皆さん一人ひとりに神の祝福がありますように！

中国の人々に神の祝福がありますように！

アメリカ合衆国の人々に神の祝福がありますように！

皆さん、ありがとうございました！

第5章

世界 VS 中国の「超限戦」

着々と完成しつつある中国包囲網

２０２０年11月、アメリカ大統領選挙が行われる予定です、もしトランプ大統領が続投すれば、中国共産党を壊滅させるための計画は続行されるでしょう。一方、バイデン候補が当選すれば、中国共産党が延命するための最後の砦（とりで）となるでしょう。そのため、中国共産党は新しい「超限戦」を展開し、アメリカ国内での選挙妨害工作が盛り上がっています。サイバー攻撃、バイオテロなど、中国が仕掛けた様々な事例を紹介します。

香港の南華早報の報道によると、20年8月20日、習近平主席が会議の場で全国の人民解放軍部隊に対して。「アメリカとその同盟国がどれだけ軍事的挑発を行っても、絶対に先に米国に発砲するな」と指示したそうです。南華早報は中国政府と関係が深いアリババ社傘下の新聞紙です。このメッセージは、習主席が国内および全世界に伝えたものではないか、と推測されます。

実はその会議上では、習主席が「バイデンの当選まで我慢する」という真意を漏らしてしまい、それがメディアに流出しました。おそらく習主席は、実際に米中戦争が開戦すれば勝ち目がないことを承知しているので、戦争を回避するために躍起になっているのでしょう。それだけではなく、バイデン氏が当選すれば、習主席が現在の難局を乗り越えると予測しているのです。最近は米軍の艦艇がいくら中国領海に接近しても、さらには米軍の飛行機が中国領空を横断しても、中国外務省が抗議しない理由が判明しました。最近では、８月21日から31日にかけて、アメリカ、カナダ、オーストラリア、日本、フィリピン、シンガポール、韓国、ニュージーランド、ブルネイ、フランスの10カ国の海軍が太平洋で軍事演習を行いました。

さらに8月21日、アメリカ陸軍所属の偵察機「ARTEMIS（アルテミス）」（通称〝月の女神〟）が、中国の1万メートル上空から、中国の地表を偵察しました。中国の各メディアは「旅客機になりすまして中国を偵察するアメリカのやり方は汚い！」と非難しましたが、あくまでもメディアがアメリカを批判しただけで、中国外務省は抗議声明を発表しませんでした。このARTEMISは1万メートル上空から地面の車一台までロックオンできる超高性能機でARTEMISによって伝えられた中国の地表の情報をもとにアメリカ陸軍が上陸作戦用の演習を行う予定です。

つまり、今後アメリカ軍が習主席に対する斬首作戦を実行し、シリアのように中国を軍事支配する計画が立てられていることが予想されます。仮に、習主席がアメリカ軍に対して報復攻撃を命じれば、トランプ大統領はただちに全面的な対中攻撃を開始するでしょう。そのような現状に苛立っている習主席は、トランプ大統領の再選を「超限戦」で妨害しています。

香港の実業家・袁弓夷氏の証言によると、総人口およそ700万人の香港人全員がパスポートを申請していないにもかかわらず、香港政府はすでに1000万冊以上のパスポートを発行したそうです（更新は含まず）。では、余った数百万冊は誰が使用するのでしょうか？　実は1997年の香港返還以来、中国共産党はすでに香港の立法・司法・行政機関にまで触手を伸ばしています。香港で発行されたパスポートは中国政府の工作員に手渡され、香港、および日本やアメリカを含む香港のビザ免除国に自由に出入国することが目的です。そのため、日本政府は香港のパスポートの保持者に対してビザを免除することを取りやめるべきです。

さらに、20年8月21日に袁弓夷氏がロサンゼルスの記者会見で演説した時の情報によると在米の工作員たちが、すでに死亡したアメリカ人の個人情報を集めて中国政府に渡し、中国政府が個人情報を使用して2万枚を超える運転免許証と身分証を偽造し、アメリカに密輸したそうです。

バイデン氏を指示する違法移民などの非有権者がそれを持って投票を行うという仕組みです。入国管理局に摘発された偽造証は2万枚ですが、実際に密輸された枚数は100万枚以上にのぼる可能性があるそうです。実際に100万票以上の偽造投票が行われたなら、バイデン氏が当選する確率は大幅に高まります。非常に陰湿な選挙妨害工作といえるでしょう。当然アメリカでは、刑事犯罪に該当します。はたして、中国政府はどこから、死亡したアメリカ人の情報を集めているのでしょうか?

一つの可能性は、アメリカ民主党が中国政府に情報を渡している。そして、もう一つの可能性は、「TikTok」などの中国製アプリやHuaweiなどの中国企業製品を使用して情報を流出させているというものです。

この話を聞いて、「TikTokから情報が流出するの?」と疑問に思う方もいるかもしれませんが、7月に駐ヒューストン中国領事館元中国人職員が中国に送還されないため、FBIに内部告発したことにより、それが事実であることが判明しました。

職員の告発によると、中国の工作員たちがＴｉｋＴｏｋを使って、反差別組織ＡＮＴＩＦＡとＢＬＭ（Black Lives Matter）の暴動を扇動したそうです。工作員たちは、領事館内でＴｉｋＴｏｋを利用して、暴徒たちの位置情報を特定し、ＡＮＴＩＦＡのメンバーたちが暴動した動画を録画して、他のＡＮＴＩＦＡメンバーに送って、彼らに工作資金を渡して、指定した場所で放火、破壊行為を先導したそうです。

さらに恐ろしいのは、ＴｉｋＴｏｋの隠蔽性は非常に高く、中国領事館からの指示や扇動を伝える動画は、非公開機能を使って、一般のＴｉｋＴｏｋユーザーが検索しても、見つからないように工作されていました。

この発言により、中国政府がアメリカのビッグデータを盗んで、アメリカ国内で工作活動を指示していることがはじめて摘発されました。中国の工作はアメリカの諜報（ちょうほう）機関ＣＩＡですら把握できませんでした。なぜなら、ＴｉｋＴｏｋの隠蔽性はレーダー兵器レベルの高性能だったからです。もちろん、中国政府が暴動を先導した目的は、トランプ大統領の選挙を妨害するためです。「トランプ政権下では社会がこんなに不安定になる。それはトランプ大統領が黒人を差別したからだ」と左派メディアも同時に世論誘導を行いました。仮に駐ヒューストン中国領事館元中国人職員による内部告発がなければ、中国政府の工作はいまだに続いていたでしょう。トランプ大統領がＴｉｋＴｏｋを追放する理由は明白です。

20年7月末には、ＣＩＡが見逃した中国人工作員が麻薬密輸の車の後ろに隠れて、メキシコとアメリカの国境から脱出しようとしたところを逮捕されました。ＤＥＡ（麻薬取締局）が事情聴取を行うと、中国工作員はメキシコに入国した直後に、機密情報が入ったＵＳＢメモリを持参して香港のパスポートを使って中国に帰国する予定だったと証言しました。その後はアメリカの機密情報を中国政府に渡す予定だったそうです。

中国のスパイ機器とアプリにより、アメリカ国内は大混乱に陥っています。20年8月末、トランプ大統領がホワイトハウスで行われた記者会見の場で「Ｈｕａｗｅｉ製品を使用する国には情報を共有しない」と宣言しました。つまり、これからは日本政府がＨｕａｗｅｉ製品を国内から徹底排除しないといけません。そうしなければ、アメリカとの関係に亀裂が生じるでしょう。

また、20年8月末、アメリカ政府が親中のドイツ・メルケル政権に「情報制裁」を行うことを発表しました。香港における国家安全法など、メルケル首相は中国政府の悪行を見て見ぬふりをし、7月のＥＵ会議の場では「欧州は中国の存在を無視しないでください」と習主席を擁護するかのような発言を行いました。アメリカ政府はドイツ政府に提供する国際情報は、今後大幅に減らす予定です。ロシア政府に関する情報が提供されなければ、ドイツ政府にとって重大なダメージとなるでしょう。アメリカ政府はドイツ政府が中国政府に情報を漏らすことを懸念しています。

日本政府が国内の親中派の政治家を排除しないと、日本にも同じような制裁が課せられるかもしれません。

中国人工作員がアメリカで展開する策略

前章で紹介した現役人民解放軍工作員の唐娟氏は、現在カリフォルニアで裁判中の身です。唐氏を逮捕した当日、FBIが彼女の自宅を家宅捜査した結果、四点の電子記憶装置を押収し、容量260GBに及ぶ犯罪に関するデータを確保したそうです。データの中には、人民解放軍による生物兵器製造に関する情報や、アメリカから盗んだ技術情報が含まれているようです。現在、データが調査されていますが、容量が多すぎてまだ完全解明には至っていないようです。

領事館が関わる「超限戦」はまだまだ存在します。20年8月半ば、サンフランシスコの中華街で、民主派の中国人移民たちが「中国国旗をあげることをやめよう」と呼びかける運動が始まりました。きっかけは、駐サンフランシスコ中国領事館がサンフランシスコ市内で数々の工作を行ったためです。領事館が現地で店舗を経営する華僑（かきょう）（国外で事業を行う中国人）を中国国内でのツアーに招待して飲食や性的サービスなどを無料で奉仕しました。

華僑たちが帰国すると、領事館は見返りを求めるような形で指示を行い、華僑たちが所有する店舗の屋上や看板、ベランダに中国国旗を掲げさせて、店舗の前には人民日報海外版などの中国政府のプロパガンダ用のフリーペーパーを置かせて、投票権を持つ華僑はバイデン氏や中国政府寄りの地方議員立候補に投票するように促しました。中国政府から賄賂をもらえば、代償として魂を売らなければなりません。このようにして中国政府は華僑を工作員に仕立て上げて、アメリカの選挙を妨害し、アメリカという国を乗っ取ろうとする工作を行っています。

この話は日本にとっても対岸の火事ではありません。すでに東京の池袋や埼玉の西川口（蕨）に住む在日中国人が経営している店舗の前には中国のプロパガンダ用のフリーペーパーが置いてあることがあります。日本人のみなさんが、もしそのような店舗を見かけたら絶対に利用しないでください。

中国政府とアメリカ民主党が癒着して選挙妨害を行なっていることは、前章でも説明しました。その魔の手は、すでにトランプ大統領の家族に及んでいます。

20年8月、トランプ大統領の実弟ロバート・トランプ氏が死去しました。トランプ大統領は弟の死を受けて「彼は弟であり、私の親友だ」と兄弟として感情をアピールし、若い頃に一緒に撮影した写真を見ながら涙を流したそうです。

しかし、2020年前期、トランプ大統領の実兄の娘で大統領の姪にあたるマリー・L・トランプ氏は、民主党から賄賂を受け取り「我が家族が、どうやって世界で最も危険な男を作ったか」(How my family created the world's most dangerous man) というタイトルの、トランプ大統領を批判する本の執筆を予定していましたが、生前のロバート氏がそれを阻止するために、マリー氏に対して法的訴訟を起こしたのです。

その後も、マリー氏はトランプ・バリー氏による大統領を誹謗中傷する言葉を録音してメディアに公開しました。しかし、マリアン氏の発言は、マリー氏にそそのかされた結果の「やらせ」の可能性があります。身内を利用してトランプ大統領を攻撃しようとする民主党の手口は相当悪質です。

決戦！　トランプと正義の四騎士ＶＳ悪魔の中国政府

前章で、マイク・ポンペオ国務長官が演説の場で中国に対する「宣戦布告宣言」を行ったことを記しました。その際、ポンペオ国務長官は中国政府に対抗するための政府メンバーを紹介しました。この構図は、「正義の主人公が仲間の戦士たちと共に強大な悪に立ち向かう」という、少年漫画でおなじみの展開に酷似していると僕は思います。次にアメリカの対中メンバーをキャラクター化した説明書きを記しますので、参考にしていただければ幸いです。

将軍：トランプ大統領
影の軍師：スティーブン・バノン
対中戦略顧問：余茂春
四騎士：①マイク・ポンペオ国務長官、②ロバート・オブライエン国土安全局顧問、③クリストファー・レイ氏連邦捜査局ＦＢＩ局長、④ウィリアム・バー司法長官そして、物語の途中で主人公メンバーに参加する「新たなる戦士」は、スティーブン・ムニューシン財務大臣です。彼は中国に対する経済制裁を決定するための重要な人物です。例えば、中国が米ドルの使用禁止という制裁を受ければ、中国企業は世界のほぼ全ての国と貿易する時に大きな支障が生じるでしょう。

今後、ポンペオ国務長官が数多くの国を訪れて「反中共の仲間」を集まるための外交活動を展開する予定です。そして、アメリカの親中企業は売国奴として制裁を受けるでしょう。

帰ってきた「影の軍師」バノン!!

バノン氏は政治家としての経験がなかったトランプ氏を大統領の座に押し上げた慧眼(すいがん)の持ち主です。アメリカではバノン氏に対して「king maker」(帝王製造者)という通称が使われています。

20年7月19日、バノン氏は自身が運営するチャンネル「war room」の番組内で、「72時間以内に中国政府は新型コロナウイルスの発生源を追求するために、に、国際調査チームに対して国内のすべてのウイルス研究所の開放を要求し、中国政府が要求に応じなければ、中国が外交貿易をする際、ドルの使用と中国の金融機関とアメリカの金融機関の取り引きを禁止し、王岐山と習近平主席の在米資産を凍結させることが予定されている」と発表しました。

同日の夕方には、トランプ大統領に対するインタビューがFOXテレビで放送され、トランプ大統領は「Let's keep Steve out there're is doing a good job.」（バノン氏はホワイトハウスの外に置いて、素晴らしいことを成し遂げている）と発言しました。

バノン氏は、多数のアメリカ国民を犠牲にした新型コロナウイルスを製造した習近平主席を国際裁判所、そして処刑場に送るための重要な証人である閻麗夢博士を確保しているのです。そして、国民の復讐心をかなえることこそが、トランプ大統領が再選するための最適な手段です。

アメリカ軍による対中攻撃の実施はいつか？

仮にアメリカ軍による対中攻撃が実行された場合、南シナ海の違法な中国軍事建造物を爆破する計画が実行されるでしょう。しかし、そのためにはいろいろな準備が必要です。

アメリカの富裕層の多くが中国国内に資産を保有しており、万が一南シナ海の軍事建造物を攻撃すれば、中国政府が資産を凍結する可能性が高いため、資産を中国からアメリカに移動するまで攻撃は実施されないのではないかというのが、アメリカの軍事アナリストたちの分析です。

他にも、中国軍によるバイオ・サイバー攻撃からの防衛手段、日本など同盟国の企業が中国から撤退するまでの期間、石油など燃料の確保などが完了次第、アメリカは南シナ海に対する攻撃を開始するのではないかと予測されています。

事実、20年9月2日、米国防省のマーク・エスパー国防長官がスリランカ大統領に電話連絡し、香港P3ウイルス騒動で辞職したマリック・ペリス氏を指名手配することを要請しました。ペリス氏を逮捕後、アメリカ政府は中国政府が新型コロナの増強実験を行いって兵器化した動機を聞き出し、習近平主席の逮捕・処刑の正当性を高めることが推測されます。

また、アメリカ政府は、南シナ海の中国軍事建造物を破壊した後は、アメリカに亡命している中国人ウイルス科学者の証言による情報を全部公開する予定です。

アメリカは法律的な意味で中国を攻撃する必要性があることを国際社会の場で証明するつもりです。

そのようなアメリカの姿勢に対抗するためか、20年9月1日から、習主席は東南沿海一帯を統括する官僚メンバーを一新しました。そのメンバーは、遼寧（りょうねい）省の張国清氏（元北方軍工業公司在任）浙江（せっこう）省の袁家軍氏（元宇宙ロケットシステムの総指導者）山東省に李幹傑氏（現役原子力安全委員会の専門家）の3名。いずれも軍需品や核兵器を専門に担当する人物です。このような編成になったのは、習主席がアメリカの攻撃に備えたためでしょう。

また、これは最悪の予測ですが、仮に中華人民共和国が壊滅の危機に瀕した場合、中国政府は、世界を道連れにしようと各国に対して核ミサイルを発射するかもしれません。そのため、今のうちに中国が所有する核兵器を押収する必要があります。

世界中を侵食する中国のサイバー攻撃

中国政府は現8月から、「ＴＬＳ １・３」と「ＥＳＮＩ」というプロトコル（通信を行う際の基準）を使用する暗号化されたＨＴＴＰＳトラフィックをすべてブロックしています。

とあるＩＴ技術者の話によると、ＴＬＳとはネットワーク情報の暗号化技術で、中国共産党が情報源となるサーバーやウェブサイトの名前を解読できるようにしたものですが、ＴＬＳ １・３はその暗号化技術を強化したもので、この技術では中国共産党のＧＦＷ（グレート・ファイアウォール）がサーバーやウェブサイトの情報源を特定できないため、効果的な検閲や情報収集ができず、すべて禁止するしか手段がないそうです。

このようなシステムが禁止されたら、中国国内に所在する日本企業は暗号化されているファイルのやり取りが不可能となります。つまり、現在の中国政府は、日本企業の機密情報を好き放題調査できる状態なのです。

他の例を挙げると、現在は「Ｔｅｃｎｏ」という中国製の廉価スマホがインドやアフリカなどの発展途上国の市場で販売されているのですが、Ｔｅｃｎｏにインストールされているマルチウェアでユーザーの個人情報やクレジットカード情報が盗用されていることが、すでに発覚しています。

さらに、中国政府がすべての在中国日本企業を含む海外法人に納税する際に、必ず導入させる税務ソフト「ゴールデン・タックス」は、スーパー・スパイウェアです。事実、ドイツ連邦憲法擁護庁と連邦刑事局、アメリカの「トラストウェーブ」社は、ゴールデン・タックスを導入した企業の情報が外部に自動的にダウンロードされた例があることを報告しています。

中国によるサイバー攻撃は国内でも行われています。とある中国人が国内のホテルに宿泊した際、時に、部屋の中の置き時計の数字「6」の中、浴室の換気扇の中、照明スイッチの黒いロゴの中、ベッドの方を向いている充電器アダプターの中、浴場に設置された小物の中、机の下の計6箇所で隠しカメラを発見したそうです。

その後、専門の調査員に依頼して部屋の調査を行ったところ、花瓶の中、Ｗｉ－Ｆｉルーターの中、ベッドの隣の目覚し時計、天井の消防警報機の中の４カ所から隠しカメラが発見されたのです。おそらく、宿泊客を監視・調査するのが目的だったのでしょう。

中国に操られる日本の世論

ＮＨＫ、朝日新聞、毎日新聞、東京新聞、沖縄タイムス、琉球新報といった日本の大手メディアが、反日、親中的な報道を繰り返していることは、多くの日本人にとって周知の事実のようです。しかし、これらのメディアが、裏で中国共産党から送られた工作資金を受け取っているという事実は、まだ証明されていません。

そこで、米国内の大半の新聞社が中国共産党により露骨に買収、支配されている現状を紹介し、日本国内でもそれと似た状況になっていることを実証しましょう。

2020年6月9日、ワシントンDCを拠点とする保守系メディア「デイリー・コーラー」(The Daily Caller)の報告によると、2016年11月から「中国日報」は「ワシントン・ポスト」、「WSJ(ウォール・ストリート・ジャーナル)」両紙に「中国観察」(China Watch)というテーマで記事を掲載しました。

しかし、「中国日報」側は、記事掲載後に原稿料を受け取らず、逆に両紙に対して、それぞれ460万~600万ドルほどの「広告料」を支払いました。記事は「中国観察」と客観性を装っていましたが、実際は中国を賛美した内容で、米国人に中国の良いイメージを擦り込むことが目的のものでした。

さらにこうしたプロパガンダ記事以外に、別刷り版のような形で中国を称賛する記事が新聞内に挿入されました。例えば、2018年9月に掲載された記事のタイトルは「一帯一路とアフリカ諸国の加盟」、「関税はアメリカの不動産購買者に損失を与える」など、中国の一帯一路政策を自画自賛したり、トランプ大統領の対中国商品の関税引き上げ政策を叩く内容でした。

さらに、『中国日報』は以下のメディアにも莫大な広告費を投入しました。

・ニューヨーク・タイムズ…5万ドル
・フォーリン・ポリシー…24万ドル
・デモイン・レジスター（The Des Moines Register）…3万4600ドル
・CQ-Roll Call…7万6000ドル

中国日報は計4年間、複数の米紙に折り込み広告費として総計1100万2628ドルを支払いました。

中国日報は、新聞社以外にもTwitter社に、4年間に26万5822ドルの広告費を支払いました。そのため、Twitterのタイムラインには、頻繁に中国機関メディア、中国外務省、Huaweiなどの公式アカウントによるプロモーション広告が掲載されています。

また中国日報は、ロサンゼルス・タイムズ、アトランタ憲法新聞、「シカゴ・サンタイムズ」、「ボストン・グローブ」紙など、米国の複数の新聞社や印刷会社に対して、計760万ドル以上の印刷費を支払いました。

上記の情報は『中国日報』が外国代理人登録法（Foreign Agents Registration Act）に基づいて提出したものです。トランプ政権以降、米国では国内に進出している外国メディアに対する審査を強化したようです。そのため、連邦司法省は中国日報に対して半年ごとに同社の活動に関する報告書の提出を求めています。そのため、20年6月1日に中国日報は前述のような自己申告を行いました。トランプ政権になって以来、中国政府のアメリカでの工作活動が監視されていることがわかります。

これは、アメリカ政府がすべての在米中国メディアを「中国大使館広報」と断定して、公正的報道機関ならぬ〝中国政府の広告塔〟であると、はっきり指定したことを意味します。

２０２０年11月、アメリカ大統領選挙が行われる予定です。中国政府は引き続き、習近平政権に都合の悪いトランプ大統領の選挙活動を妨害し、アメリカのメディアを利用して世論誘導工作を続けるでしょう。今後もアメリカ民主党と利害関係が一致する中国政府が背後で民主党推薦のバイデン立候補を援護することが想定されます。

残念ながら、日本には外国のスパイを取り締まるスパイ防止法は存在しません。となると、例えば、日本のマスメディアに前述のような中国による工作が行われていることが判明しても、日本の既存の法律では「違法」とみなすことができません。南北朝鮮、または中国・インド間など、最近はアジアの情勢が不安になっています。これらの問題は、いずれ日本にも飛び火してくるはずです。そのためにも日本の法整備は急務といえるでしょう。

「超限戦」同盟国を買う

四面楚歌になっている習近平主席にとって、唯一彼の思い通りになっている国家は韓国です。国際情勢では、中国が全世界共通の敵という認識が高まっている一方、韓国では過激な反日活動が始まっています。

韓国の狂気的な反日活動として「剖棺斬屍(ぼうかんざんし)」（〝棺桶を開けて屍を斬る〟、多くの過去の親日派韓国人のお墓が破壊されたり墓石が粉砕されたり、遺骨を取り出され破壊される）が行われています。

現在、韓国の反日団体の活動はさらにエスカレートしており、親日派の墓石に糞尿水がかけられ、「墓の中の悪霊を安息させないように」と唱える様子を多くのメディアを呼んで取材させてテレビで放送させるという行為が実施されました。

反日行為は民間によるものだけではありません。文在寅（ムン・ジェイン）大統領が剖棺斬屍を認める「剖棺法」の草案を提出し、すでに韓国の国会議員の3分の2がこの法案を賛成しています。「剖棺法」によると、親日派の墓を荒らす行為は〝器物損壊に該当せず、愛国の行為で親日派の墓を開ける行為は正当〟であるそうです。

ここで定義される親日派とは、第二次世界大戦時に旧日本軍に所属して戦った韓国人軍官です。韓国政府は3千ページにわたる分厚い『親日派大辞典』まで発行し、この名簿を見ながら剖棺斬屍を行う予定です。

また文大統領は、死去したばかりの白善燁氏（朝鮮戦争時の韓国軍の英雄）の墓に「親日教の悪霊」と標記することを命じました。実は白氏が文大統領に親日と定義された理由は、過去に白氏が満州開拓に派遣されたことがあり、そのため「中国侵略罪」と認定したためです。文大統領が習主席に媚びている様子が垣間見えます。

現在、日米韓三カ国の間にGSOMIA（日米韓秘密軍事情報保護協定）がありますが、習主席が韓国を利用してアメリカの情報を手に入るという「超限戦」の可能性が高いでしょう。

バイデン氏が当選すれば悲惨な未来が到来する

2013年12月、オバマ政権下の副大統領としてバイデン氏が訪日した際に日本政府が提案する日米のとある「共同声明」を拒絶しました。

その共同声明の内容は、日本政府が中国政府による「東シナ海防空識別圏の拡大」の撤回を求めるもので、当時の安倍晋三首相が米国の賛同を求めたところ、バイデン氏は中国を刺激する形になると見解を示し、日本政府の要求を拒絶したのです。

さらに、翌日に自民党幹部と会食した際、バイデン氏は「習近平主席は就任したばかりなので、彼を困惑させてはならない」と中国を擁護する発言を行い、日本政府が中国に提言しないよう圧力をかけたのです。

バイデン氏の親中感情の強さを示すエピソードは他にもあります。とある講演会で新型コロナウイルスの名称（COVID‐19）をエボラウイルスと何度も言い間違えたのです。また、他の講演会では、新型インフルエンザの名称「H1N1」を最初から最後まで「N1H1」と言い間違えたり、「ＣＯＶＩＤ－19による死者数は１００年前の流行病よりも多い」という内容の原稿を理解できず「ＣＯＶＩＤ－19は１００年前から大流行していた」と、支離滅裂な内容の発言をするなど、認知能力が低下している可能性があります。

トランプ大統領の「もしバイデン氏が当選したら、あなた（アメリカ国民）が中国語を勉強しなければなりません」という発言は、強烈な皮肉でしょう。

（参考サイト）

https://www.latimes.com/california/story/2020-08-06/grand-jury-charges-uc-davis-researcher-with-visa-fraud-and-concealing-membership-in-chinese-military

https://www.afpbb.com/articles/-/3300635

https://www.newsweekjapan.jp/stories/world/2020/07/post-93972.php

https://www.bloomberg.co.jp/news/articles/2020-04-20/Q93WQRT1UM0X01

https://nationalinterest.org/blog/reboot/china-will-soon-have-its-own-z-machine-test-mock-nuclear-explosions-166995

https://www.zdnet.com/article/china-is-now-blocking-all-encrypted-https-traffic-using-tls-1-3-and-esni/

https://www.epochtimes.jp/p/2020/08/61284.html
https://www.youtube.com/watch?v=gIL5j24sKSM

第6章

「超限戦」の歴史

日本人が知らない、
中国と旧ソ連による「東京暗殺事件」

2020年8月20日、ロシアの野党指導者で長年に渡ってプーチン大統領の政治問題を暴露し続けたアレクセイ・ナワリヌイ氏が飛行機内で紅茶を飲んだ直後に急に呼吸困難状態となり、大きな悲鳴をあげた後に倒れて意識不明の重体となりました。

搭乗した飛行機は緊急着陸して、ナワリヌイ氏はロシアの病院に搬送されました。しかし、病院側は「ただの低血糖症状だ、チョコレートを食べたら大丈夫」と、ナワリヌイ氏に十分な治療を行いませんでした。おそらく、ロシア中のすべての病院にロシア政府の息がかかっているのでしょう。そして、ナワリヌイ氏の家族は、ナワリヌイ氏をドイツの病院に搬送しました。その後、検診を行ったドイツ人医者は、ナワリヌイ氏が「コリンエステラーゼ阻害剤」という神経毒薬による中毒症状になっていると判断したのです。

例えば、有機リン酸塩やカルバメートなどの殺虫剤は、コリンエステラーゼ阻害剤と同じ成分が使われています。これらの薬品は、神経系に作用する生物化学兵器に利用されます。1995年、日本でオウム真理教がテロ犯罪に使用したサリンも同じタイプの毒物です。

2018年にイギリスに亡命した元ロシアのスパイ、セルゲイ・スクリパリ氏と彼の娘の毒殺に使用された神経剤も、このタイプの毒物です。人間の神経系を乱し、脳から筋肉の拡張と収縮する指令を遮断する効果をもたらし、さらには全身痙攣(けいれん)と呼吸不能状態にする効果があります。そのため、多くの死因は心臓急停止と窒息によるものです。

そして、一部の国の医者と鑑識の知識不足により、毒物を使用した暗殺行為を「急性心筋梗塞」

と判定し、犯人の調査を行わないことが予測されます。そのような状態が続くと、「超限戦殺人」は、さらに繰り返されるでしょう。

旧ソ連とロシアで実行された毒殺事件

「超限戦」毒殺は、第二次世界大戦以降、中国や旧ソ連では数多く実行されました。マルクス共産主義思想が生み出した姑息（こそく）な殺人方法です。

本章では、二つの代表的な毒殺事件を紹介します。いずれも日本と関連が深い事件ですが、日本人の知人やネット上のフォロワーに質問してみたところ、ほとんどの方が知らなかったようです。2件の共通点は「毒物兵器」の使用です。

２００６年、ロシアの元情報機関（ＫＧＢ）将校アレクサンドル・リトビネンコ氏はロシア政府と対立して、イギリスに亡命しました。彼は帰化してイギリス国籍を取得したのですが、その翌月に急死しました。検死の結果、死因は劇毒の放射性物質「ポロニウム」中毒によるものと判定されました。

とある情報筋によると、ロシアでは暗殺用の「紅茶ポット」が、頻繁に使用されるそうです。紅茶ポットの内面の一部にはポロニウムが仕込まれて、そのポットから紅茶を入れると、茶の中に放射性物質が溶け出し、注がれた紅茶を飲んだ人の体内に吸収されてしまいます。こうすれば、紅茶を飲んだ人をじわじわと衰弱死させることが可能であるため、暗殺犯を特定することは非常に困難になります。

リトビネンコ氏は紅茶を飲んだあとに激しい腹痛を起こして、数日後には頭髪が全て抜け落ち、発症から22日後に死亡しました。遺体には大量の放射性物質が含まれているため、火葬することができず、土葬で墓地に埋められました。遺体を土に埋める際は、遺体の上に放射線を遮断する効果がある大量の鉛を撒(ま)いて、放射性物質が土壌を汚染しないように処理しました。

さらに過去の事例を紹介すると、1979年、旧ソ連中央部のスベルドロフスクという街で炭素菌によって数十人が死亡する事件が発生しました。

炭素菌に感染した市民からは、咳、高熱、嘔吐(おうと)、意識不明、鼻と口から血液が混じった粘液が出るといった症状が確認されたそうです。

当初は3人が感染し、翌日に2人死亡。その後は大量の感染者が病院に殺到したそうです。現地の病院の報告によると、感染者の皮膚には黒い水疱(すいほう)が浮き出ていたそうです。当時の病院のロビーには量の遺体をズラッと並べられていたそうですが、これは20年1月の武漢市内病院と酷似した光景です。

現地の警察は、ただちに感染者たちの住所を特定し、付近に所在した、陶器生産工場を特定しました。調査の結果、工場の食堂で作られた料理を食べた従業員のうち数名が食中毒にかかっていることが判明しました。

旧ソ連政府はこの工場と料理用の肉を出荷した市場を炭疽菌蔓延の原因と断定したのですが、工場と市場の経営者は、すぐさま無実を主張しました。

警察が調査を進めるうちに、感染者の自宅の住所が一本の直線状につながっていることが判明しました。つまり、毒物を拡散させた原因は「風」と推定されます。そして、当時の気象状態を調べてみると、ちょうど大規模感染が発生した前日、感染者の住所付近に強風が吹き荒れていたことが判明したのです。

そして、警察が一本の直線の起点をたどると、そこには、正体不明の建物が所在しました。調査の結果、その建物は旧ソ連軍が保有する「第19番軍営」という政府極秘の炭疽兵器が開発されている化学工場であることが判明しました。

炭疽菌を粉末状に加工して爆弾やミサイルに添加し、それが敵対勢力側で爆発すると、粉末が加熱されて「エアロゾル」という粒子が発生して敵対勢力を死滅させることが可能です。ちなみに、第19番軍営の作業員は、入社する際に秘密保持契約を結んだ上に、全員が炭疽菌のワクチンを定期的に注射する義務が課せられていたそうです。

第19番軍営から炭素菌が漏れた理由を説明すると、工場内では空気を排出する際、炭疽菌が漏れないようにフィルター除去を行っていたのですが、事故の前日は、作業員がフィルターの清掃作業を終えた後、金属の排気管に装着する作業を忘れていたのです。

翌日、フィルターが取り付けられていないことを知らない別の作業員が排気管の扇風機を起動してしまった結果、炭素菌が街中に放出されたのです。

その後、人間だけではなく動物も呼吸器感染を発症したので、警察は感染拡大を防ぐために街中の野良犬をすべて撲殺処分しました。

旧ソ連政府が炭素菌の情報を隠蔽していたため、警察は対処方法がわからず、とりあえず街を浄化しようと道路を清掃したのですが、この行為により炭疽菌が再び飛散して感染がさらに拡大し、周辺地域の牧場で飼育されていた羊や豚が大量に死亡しました。

その後も、旧ソ連政府は「生物兵器」の存在を認めず、隠蔽し続けたのですが、1979年10月に西ドイツが事件を告発した結果、ようやく事件が実際に発生したことを認めました。実は1972年にソ連とアメリカは「生物兵器禁止条約」に署名したにもかかわらず、旧ソ連はそれを守りませんでした。

旧ソ連崩壊後の1993年、ロシア共和国政府は旧ソ連時代に生物兵器製造が行われていたことを、ようやく認めました。

旧ソ連が行っていた生物開発計画は1990年代に停止されましたが，現在のロシア政府が国際条約に反して計画を再開している可能性があるといわれています。

各機関の調査により、ある程度の化学に関する設備を持つ国家やテロ組織ならば、生物兵器開発・製造することは、さほど難しくはないことが判明しています。

中国人美女スパイ・傅索安（フーソーアン）による「東京暗殺」事件

実を言うと、毒物による暗殺事件は日本でも発生したことがあります。
「傅索安」。彼女の名前を知る日本人は少ないでしょう。実は彼女は、東京で殺人事件を行った人物です。

１９４９年に天津市で誕生した傅は非常に容姿に優れていた女性で、出身地の写真店では子供時代の彼女の写真を看板モデルとして使用していました。文化大革命時には「美貌の紅衛兵」と称賛され、毛沢東の統括運動に加担したのです。

１９６８年、彼女は内モンゴルに拠点を移動し、その後は文化大革命反対派から襲撃されたため、やむをえず、旧ソ連に亡命を試みました。川を泳いで、旧ソ連の領土に入った際、兵士が傅を拘束したのですが、その美貌から、処刑されずソ連の情報機関ＫＧＢの「ハニートラップ要員」として受け入れられました。そして、旧ソ連政府に反発して日本の東京に亡命・滞在するソ連の元兵器開発者バプノフ氏を暗殺するミッションを担当することになったのです。

まず、ＫＧＢは傅に偽造の香港パスポートを渡して、彼女を香港人観光客に仕立て上げて、日本に入国させることに成功しました。ＫＧＢは、あらかじめ傅に「好色家」「毎朝、東京の事務所から出ると、二人のボディガードを同行させて新聞と朝食を買い、靴を磨いてもらってから事務所に戻る」というバプノフ氏の生活習慣と好みを伝えておいたのです。

そして、暗殺を実施する当日、傅はバプノフ氏の事務所前で仲間の男性二人と共に演技を開始しました。バプノフ氏が事務所から出て、いつも通りに靴磨きに行くと、傅が新聞販売員に偽装しながらバプノフ氏に接近すると、暴漢に扮した仲間の男たちが傅を追いかけてきたのです。

すると、傅はバプノフ氏に向かって「助けてください！」と叫んだのです。その時、美女に弱いバプノフ氏は、傅の声を聞くとただちにボディガードたちに男たちを取り押さえるよう命じました。暴漢とボディガードたちが組み合っている隙に、傅がバプノフ氏の目の前に現れて「助けてくれて、ありがとうございます」と感謝を述べて満面の笑みを浮かべました。バプノフ氏が美人を助けたという喜びに陶酔している瞬間、傅は新聞紙の下に予め隠しておいた毒物が入った銃の引き金を引きました。

毒物はバプノフ氏の顔面に飛び散り、バプノフ氏は大きな悲鳴を挙げて倒れたのです。周囲の人々は暴漢とボディガードの争いに気を取られており、その隙に乗じて傅索安はその場を逃亡しました。

その後、ボディガードたちはバプノフ氏の異変に気づき、救急車を呼んで病院に搬送しようとしましたが、救急車が到着した時には、バプノフ氏はすでに死亡していました。その後、警視庁はバプノフ氏の死因を「急性心筋梗塞」と断定し、他殺事件として取り扱わなかったのです。

傅が暗殺に使用した毒物は、おそらくシアン化物の一種でしょう。この毒物を呼吸器経由で摂取すると、心臓の血管は急激に収縮し、心筋梗塞と同じような症状となります。

傅は、暗殺に成功した当日、飛行機に乗って東京からソ連へ帰国しました。この重大な事件は、日本の犯罪史に記載されていません。

WHO・テドロス事務局長の真紅の歴史

エチオピアゲリラ軍重鎮としての活躍

WHO（世界保健機関）は2019年12月から新型コロナウイルスの真実の情報を隠蔽し続けた結果、世界的なパンデミックを助長したことは、読者の皆様も承知でしょう。

WHOの最高責任者であるのテドロス・アダノム事務局長が、中国から巨額の寄付金を受けとり中国の言いなりになった結果、このような惨劇が起きたのです。現在のWHOが中国の隷属機関のようになっているのはもはや周知の事実です。

20年5月にインターネット上で実施されたテドロス事務局長の辞任を求める世界からの署名数は、実に70万を超えました。

ここからは、テドロス事務局長の黒歴史、もとい共産主義に染まった「真紅の歴史」を紹介しましょう。

若き日のテドロス氏は、共産主義に傾倒し、エチオピアの政府組織「ティグレ・エチオピア人民革命民主戦線EPRDF（ティグレイ・エチオピア人民革命民主戦線）のリーダーの一人として政治活動を行っていました。

ＥＰＲＤＦの歴史を遡ると１９７５年2月28日、前身となるティグレイ人民解放戦線ＴＰＬＦ（ティグレ人民解放戦線）が結成され、当初は中国国民党をクーデターによって倒した中国共産党のようなゲリラ組織として活動していたのです。

ゲリラ活動が功を奏し、ＴＰＬＦは当時の独裁政権を打倒して、１９９１年に政権を奪取しました。政権に就いた当初は、支持率も高く、共産主義政党らしい耳障りの良い公約を並べて、四つの野党との統合に成功しました。ただ、これは合併というよりも「吸収」と表現した方が適切かもしれません。

そして、ＴＰＬＦが野党と合併したことにより、最大独裁政党のＥＰＲＤＦが誕生しました。その後、経済政策の失敗で大飢饉（ききん）が発生したのですが、ＥＰＲＤＦは政権を打倒しようとする運動に参加した国民らを弾圧し、さらには大虐殺まで行いました。

ＥＰＲＤＦの行為は、中国共産党による中国での支配行為とうり二つです。合併した元野党の議員たちはＥＰＲＤＦの異常性、残虐性を知り、離党、分裂しようとする党員たちは決起しました。しかし、すぐに全員が国家反逆罪で逮捕された後に処刑されました。

そのほかにも、ＥＰＲＤＦは何十年もの間、エチオピア最大の民族であるオロモ族の土地を強奪し、「民族浄化」という名の大虐殺まで行いました。いわば「アフリカ版中国共産党政府」と呼べる存在です。事実、ＥＰＲＤＦの党則に「マルクス原理主義」を信奉することが明記されており、極左政党であることは明らかです。

テドロス氏自身が、一連の政治運動に参加したか否かは、現時点ではまだ確認されていませんが、少なくともＥＰＲＤＦが、彼の所属政党であり、彼が極左イデオロギーの持ち主であることは間違いないでしょう。

ちなみに、ＥＰＲＤＦは大虐殺、テロ行為を行ったため、１９９０年にアメリカ政府が「指定テロ組織」のリストに追加したことを明記します。

「一帯一路」政策に共感し、中国と癒着した関係へ

その後、中国政府の習近平指導部が世界経済を支配することを目的としたグローバル政策「一帯一路」を打ち出し、そこにエチオピアが参加しました。

中国がエチオピアに進出する際、習近平主席がテドロス氏の才能を認め、その「中国親和性」を信頼したのです。

その後、エチオピアに対して、中国が水面下で資金を提供しました。そして、ＷＨＯの事務局長選挙が行われた際、習近平指導部はテドロス氏を推薦するために、なんとアフリカ連合（エチオピアに本部を置くアフリカの国家統合体）に対して巨額の融資を行ったのです。その後は、アフリカ連合が中国による秘密裏の指示により、50カ国以上の票がとりまとめられた結果、テドロス氏がＷＨＯ事務局長に当確したのです。

ちなみに、現在アフリカ連合本部が使用しているサーバー、インターネットのインフラ整備は、すべてＨｕａｗｅｉ社製品が担当しています。中国政府は自国の製品を利用して、アフリカ連合のビッグデータまで把握しているのです。

このようにテドロス事務局長は中国に多大な恩があるため、露骨に中国寄りの発言を繰り返しているのです。

フランスのメディア・ＲＦＩ（Radio France Internationale）の報道によると、２０１７年8月に北京でＷＨＯテドロス事務局長が演説を行い、フランスの中国研究家アリス・アイクマン（音訳）が、その演説内容を分析した結果、10回以上にわたって中国共産党式の言葉の表現が使用されたことが判明しました。

そのほかにも、イギリスの「デイリー・メール」の報道によると、テドロス氏は医療機関のトップの座に君臨しているにもかかわらず、医師としての仕事を経験したことがなく、その実体は「プロの政治家」であるそうです。

テドロス氏は、１９８６年にエチオピア大学を生物学学士として卒業し、与党のＥＰＲＤＦが管轄している軍隊で衛生兵として勤務していました。つまり中国人民解放軍の衛生兵のような職位だったのです。その後はイギリスに留学し、２００５年にエチオピアの健康保健機関の大臣に就任し、２０１２年11月、外務大臣に就任しました。

国連の公開資料によると、テドロス氏が健康保健機関事務局長から外務大臣に就任する期間から中国からエチオピアに対する寄付活動が開始されたそうです。それ以前には、中国からの寄付は一切ありませんでした。これは、テドロス氏が中国共産党の資金で地位を獲得した、中国を助けるための工作員である証拠と言っても過言ではないでしょう。

ここで問題なのが、テドロス氏の持つイデオロギーが中国共産党と完全に同一だということです。いわば、テドロス氏は絶対に習近平指導部に裏切らない〝忠犬〟として、中国に重用されているわけです。

テドロス氏は中国を擁護するために新型コロナウイルスが世界的に大流行することを察知していながら、各国に対し正確な情報を伝えませんでした。客観的に考えれば「世界的大虐殺」を実行したのと同様の行為です。

未だに世界中で、コロナウイルス感染の終息の目処が立っていません。

この世界規模の「人災」が終息した際、主犯格の習近平指導部、ウイルスを製造した武漢実験室の石正麗研究員と人民解放軍、人民解放軍生物化学兵器部隊の陳薇少将をオランダ・ハーグの国際司法裁判所に送り、さらに共犯であるテドロス事務局長も被告人として送り、彼らに有罪判決を下して処刑するのが妥当だと思います。

そして、今回のコロナ禍は、今後、世界の人々に共産主義の危険性を再認識させるための重い教訓になるのでしょう。

（参考サイト）

https://scholarworks.wmich.edu/ijad/vol5/iss1/3/

https://www.dailymail.co.uk/news/article-8199719/Dr-Tedros-Ghebreyesus-career-politician-running-China-centric-WHO.html

https://www.bbc.com/japanese/35379006

第7章

「超限戦」と戦う

新型コロナの予防策

この章では多くの方に知っていただきたい新型コロナウイルスの予防対策を紹介します。

２０２０年５月、東京都の小池百合子知事が「ｗｉｔｈコロナ」という政策を発表しました。同年１月に新型コロナウイルスが日本で発生して以降、すでに温度、湿度、気候は感染状況にさほど影響しないことが証明されました。季節の変わり目に感染拡大が抑えられるという楽観的論調はすでに否定されています。閻麗夢博士も「温度、湿度は関係ない」との見解を示しています。そのため、今後数年間は常に予防策をとる必要があるでしょう。

有効なワクチンが開発されたら事態は解決するという意見もありますが、閻麗夢博士いわく、ワクチンの臨床実験は最低3年以上はかかり、特効薬は期待しない方がいいとのこと。しかし、もし今後も経済活動の全面規制を行ったら経済活動がさらに低下してコロナの終息の前に日本が崩壊してしまいます。そのため、今後の生活スタイルは、コロナと共に暮らす新しいものに変える必要があります。日本のマスメディア報道を見ていると、コロナの予防対策を正しく紹介していない印象です。この章では様々な科学的実証に基づいたコロナ対策を紹介します。

まずは新型コロナウイルスの症状を正しく把握してください。現在、ＰＣＲ検査は保健所の許可がなければ受信することはできません。また病院次第ではありますが、検査価格は3万５０００円前後と非常に高額です。そのため、毎日のように、自分でセルフチェックすることをおすすめします。

下記のリストは、ＷＨＯが確認した新型コロナウイルス感染時の症状に詳細な説明を加えたものです。

○発熱37・5度前後、（個人差が大きいです）

○せき（しかし、たんはありません）

○全身にだるさを感じる（非常に軽いものさえ持ち上げられないことも）

○筋肉痛（全身に謎の痛み）

○呼吸困難（しかし、鼻づまりは発生しません。理由は肺細胞の線維化）

○息切れ（血液の酸素濃度の低下）

○頭痛

○ウイルス性炎症による喉の痛み

○小腸にウイルス性炎症による下痢

○神経系へのダメージ（味覚、嗅覚喪失）

○血栓による皮膚の変色（おもに指先と足指先）

○血栓による皮膚壊死

○神経系のダメージ（幻聴、幻覚）

○悪寒、気分が悪い

上記の症状を二つ〜三つ感じた場合、なるべく早めにPCR検査を保健所に申請してください。また、無症状感染者が症状を感じる感染者よりも人数が多いという報告があるため、陽性患者と濃密接触した場合も、PCR検査を行ってください。

ウイルス感染を防止するための薬品・サプリメント

2020年7月16日、「国際分子学医学雑誌」の報告により、世界では15億人以上の人が亜鉛欠乏症のリスクを抱えており、子供の成長阻害や感染症のリスクの増加と関連していることが判明しました。また、亜鉛欠乏症は肺炎発症の要因にもなります、新型コロナウイルスによる肺炎も同様です。

免疫調節における亜鉛の重要な役割を考えると、亜鉛の欠乏はウイルス感染症罹患(りかん)のリスクが高くなると考えられます。体外の実験より、亜鉛はウイルスのRNAポリメラーゼを阻害し、ウイルスを防ぐ活性があり、アンジオテンシン変換酵素（ACE2）の活性を低下させます。ACE2の活性が下がると感染の可能性が下がります。また、亜鉛はT細胞（免疫細胞）の機能を調節してサイトカインストームの発生リスクを抑えます。

さらに、何より重要なのは、新型コロナウイルスと70％以上遺伝子配列の近いSARSウイルスに対して、亜鉛はSARSウイルスに耐性があることが証明されています。つまり、亜鉛は新型コロナの感染を防ぐ一定の効果があると科学的に証明されています。

また、亜鉛は呼吸器上皮線毛の掃除機能とバリア機能を向上させ、肺炎球菌の抵抗性を高め、細菌の感染のリスクを低減させます。さらに、亜鉛の欠乏の場合は、加齢症状、肥満、糖尿病、動脈硬化など、新型コロナウイルスを重症化させる基礎疾患を予防できます。亜鉛の補給は新型コロナウイルス予防をする上で「感染を防ぐ」「重症化を防ぐ」という一石二鳥の効果をもたらします。

僕もこの情報を入手して以降、亜鉛のサプリメントを飲み始めました。こちらは特許がなく、とても手頃な価格で入手できますので、定期的に摂取することをおすすめします。また、サプリメント以外にも亜鉛が含まれた飲料水も販売されています。

しかし、亜鉛は、呼吸器疾患やその合併症のリスクを軽減できますが、新型コロナウイルス感染症との関連性は、まだ実証されていません。また、亜鉛を過剰摂取すると、吐き気や食欲不振、胃痙攣などの副作用もありますので注意が必要です。なお、この情報を知っても、パニックを防ぐために販売店での買い占めは行わないでください。

新型コロナウイルスに対する亜鉛の予防効果を確認するためには、今後の2~3年間にさらなる臨床研究および実験研究が必要です。すでに、亜鉛の効果を否定する専門家もいますが、100％の確証ではありません。

デイリー・メール紙の報道によると、イギリスのブリストル大学は研究の結果、「ヒドロコルチゾン」(hydrocortisone hydrorocortisone)、「メチルプレドニゾロン」(methylprednisolone) と、

「デキサメタゾン」(dexamethasone) を含む三つのステロイドが、新型コロナウイルスの重症化による死亡率を20%低減させる効果があると発表しました。

また、上記のステロイドが新型コロナウイルスの重症患者の肺の炎症を軽減する効果があることも報告されています。3種類のステロイドは、いずれも安価で、安全性も保証されており、世界のほとんどの国で手軽に使用することが可能です。

中でも、ヒドロコルチゾン(別名：ヒドロコルチコステロン)は、新型コロナウイルスによる致死率を31%減少させるという高い効果があるそうです。とある研究機関の報告によると、重症者にヒドロコルチゾンを静脈内投与したところ、回復率が93%増加したことが判明しました。

それ以外にも、イギリスの医学会の報告書によると、2020年2月から6月にかけて、13カ国の50以上のチームが1703人の患者を対象に検査を行った結果、オックスフォード大学の科学者たちが、「デキサメタゾン」が、重症で人工呼吸器に依存する新型コロナウイルス患者の死亡率を35%低減させ、酸素提供を必要とする患者の死亡率を20%減少させると発表したそうです。

これについて、イギリスの国民衛生保健機関最高責任者のサイモン・スティーブンス氏は、デキサメタゾンは、医療界では新型コロナの流行を抑えるために新しい治療薬として使われ、国民衛生保健機関は、ただちに英国中の病院に使用を明治患者のために確保することを発表しました。

WHOも20年3月3日、同様のガイドラインを発表し、各国の病院に新型コロナウイルス患者の治療用にヒドロコルチゾンを使用するよう促しました。

ヒドロキシクロロキンが新型コロナウイルス予防に有効であることは、2章で説明しました。それと、この章で紹介したサプリメントやステロイドを大量に生産して、日本政府に予防薬として宣伝してほしいと考えています。実際に、アメリカのトランプ大統領は毎日ヒドロキシクロロキンを飲んで予防を行っており、政府メンバーの中に陽性が確認されても、「自分が感染しないのはヒドロキシクロロキンのおかげ」と、トランプ大統領自身は自負しています。

それ以外にも、「ケルセチン」という化学物質と亜鉛と同時に使用すると、新型コロナウイルスの繁殖を防止する効果があります。

仮に新型コロナウイルスに感染したとしても、次に紹介する薬品を使用すれば、重症化を防ぐことが可能です。

1）亜鉛は新型コロナウイルスが体内に複製（繁殖）を抑止効果があります。
2）ヒドロキシクロロキンは亜鉛をスムーズに細胞内に入ることを幇助します。
3）Azithromycin（アジスロマイシン）抗菌薬は炎症の悪化を防ぎます。

日常生活の場で新型コロナウイルスから身を守る方法

しかし、どんな薬品にも副作用があるのは事実。薬品に頼る前に、我々が新型コロナウイルスから自身を守ることを考えることが大切です。

僕は新型コロナウイルスが中国で発生して以来、大量の論文と臨床データを読んで、すでに日常的に自分を守る術として使用しています。以下の記述は、コロナ予防の豆知識をまとめて、一日の生活形式で紹介したものです。

朝の起床後は、日光を浴びてください。紫外線は新型コロナウイルスを殺菌する効果があります。また、日光を浴びるとビタミンDの補充で免疫力がアップします。毎日、自分の味覚と嗅覚が正常か、常に匂いと味わいを確認してください。マスクの着用はもちろんですが、できるだけ公衆の器物には触らないようにしてください。

また、バッグの中には持ち運び用の小さな消毒スプレーを用意してください。スプレーは、アルコールや二酸化塩素が含まれているものを使用し、何かを触った時は、すぐに手を消毒してください。

闇麗夢博士の報告によると、アルコール濃度は必ず70％以上ではないと殺菌効果がないそう。二酸化塩素は日光の紫外線によって殺菌効果が消滅するため、表面が茶色や緑色など遮光作用があるものを購入しましょう。

電車やバスなどの公共交通機関を利用した際は、換気の良い場所に立ち、ほかの乗客との間に2メートル以上の距離を保ちましょう。そのためには、出来る限り満員時には乗らず、乗客の余裕がある車両を利用してください。基本的なことですが、交通機関内では基本的に会話しないなどマナーが必要です。現在は多くの駅構内に「車内では会話を控えてください」と記載してありますので、あらかじめ気をつけている人が多いでしょう。

買い物に行く際は、必ず入り口付近に設置してあるアルコールを使って消毒してください。ただし、ここで注意点があります。消毒するのは、自分の手だけではなく買い物カゴやカートなど手で触れる箇所全てです。それらを消毒しないと、もともと付着していたウイルスが手に移動する可能性があります。

また、店舗の入り口に用意されているアルコールスプレーがプッシュ式の場合、多くの人が使用しているため、接触箇所にウイルスが付着している可能性があります。そのため、片手でスプレーを押した後、もう片方の手に付けたアルコールを、スプレーを押した手に擦り付けて消毒してください。現在、非接触式のアルコールスプレーが製造・販売されているため、こちらが普及することを願っています。

支払い後は、紙幣や硬貨を触った後は、もう一度手を消毒してください。アルコールアレルギーがある方は、より肌にやさしい二酸化塩素を使用ください。

日中の会議や会食の際は、密閉空間の「15分間ルール」を徹底してください。

なぜなら、新型コロナウイルスは人間に感染するまでに少なくとも15分間を要するという学説があるからです。つまり、ウイルスが漂っている空間に15分間以上滞在すると感染リスクが増加します。

特にエレベーターは狭く換気が悪い場所なので、一人で利用する場合も、なるべくマスクを着用してください。イギリスでは、コロナ陽性者がエレベーター内で咳をしたら、その1時間後に同じエレベーターを利用した人が感染したという例が報告されています。

会議や会食時も、このように席をずらして座ってください（図参照）。


（図）

人　　　人

テーブル

人

もちろん、なるべく会話数は控えめにすることが大切です。

帰宅後は、すぐに洗面台に向かってください。洗うのは手だけではなく、肘から前腕までの部分です。なぜなら、電車、食卓、机など、職場では、肘や前腕が器物に接触する機会が多いからです。

これは中国の病院では、看護士が就業前に必ず行っています。特に夏場は半袖で過ごすことが多いため、袖で隠されない部分を丹念に洗いましょう。

腕を洗った後は顔と鼻腔(びくう)を丁寧に洗ってください、新型コロナウイルスは、最初に人間の鼻腔の中に溜まり、そこで、大量繁殖してから、次に呼吸器や肺に侵入することが多いという論文があります。また、鼻毛は過度に切らないでください。鼻毛はウイルスが呼吸器に入る前の重要なバリケードになるからです。

帰宅後の靴には、ウイルスが付着している可能性があるため、土足で玄関先を踏まないようにしてください。冬場は、すぐにコートを脱がず、室内で叩くとウイルスが室内に飛散しますので、絶対にやらないようにしましょう。

就寝前は、丹念に髪の毛を洗ってください。特に女性は後ろ髪の長い方が多いため、もし陽性者が後ろで咳をしたら、髪にウイルスが付着します。そのため、髪の毛に違和感が生じても、やたらと触ったり鼻で嗅ぐのはやめてください。また、専門家の話によると、ヘアーコンディショナーで髪の毛を洗うと、ウイルスが付着するリスクが大幅に減るそうですので、使用することをおすすめします。

また、無症状患者は、手と足の指が変色していることが多いという統計もあります。なので、指の色が変化していないか、毎晩チェックしてください。

もちろん、夜更かしは免疫力を弱めるため、厳禁です。

この項で紹介した事例は、おそらく大半の方が実行しているでしょう。ただ、コロナ対策に不安がある方や予防生活が続いて気が緩んでいると感じている方は、こちらを見てもう一度気を引き締めてみてはいかがでしょうか。

最新機器で自分の健康状態を把握する

2020年9月16日、Ａｐｐｌｅ社は第6世代「Ａｐｐｌｅ ｗａｔｃｈ」を発表しました。もともとＡｐｐｌｅ ｗａｔｃｈは、歩数計、心拍数、心電図、着席時間など、数々の健康管理用のアプリが内蔵されているのですが、今回のＡｐｐｌｅ ｗａｔｃｈ6は、新型コロナの防疫にあわせ、2つの新機能が開発されました。一つは手を洗い、完全にウイルスを除去できるように、手洗い時間と方法を案内するアプリです。もう一つは血中酸素濃度を図るセンサーです。新型コロナウイルスに罹患すると、肺の線維化によって血液内の酸素濃度が不足することがあり、若い人物ほどその症状に気が付きにくい傾向があるようです。酸素濃度が低下し続けると急死するリスクもあります。そのため、血中酸素濃度を常に図りながら、危険を察知し、低下したら病院に直接連絡してみましょう。

たとえ新型コロナウイルスに感染していなくても、毎日マスクを付けていると、呼吸困難で血中酸素濃度が低下する可能性があります。特に、夏場の運動中にマスクを付けていると、著しく酸素濃度が低下するので、体に負担を欠ける結果となります。そのため、運動はマスクを付けずに行ったほうが効果的です。もちろん、なるべく人が少ない開放的な場所で行ってください。

現在は、いつどこで新型コロナウイルスに感染するかわかりません。そのため、Apple watchのアプリのような健康管理の器具を持ち歩いて、常に体調をチェックすることをおすすめします。

性急に造られたワクチンが危険だ

日本政府は2021年前半期に日本の全人口分のワクチンを用意すると宣言しましたが、僕はその安全性を懸念しています。

日本政府が用意するのは米英の医療機関が共同開発するワクチンですが、開発時間は、わずか1年弱。これでは十分な臨床実験データが取得できない状況で開発が進められている状態であり、効果が十分に実証されているとは思えません。

閻麗夢博士も「どの国が開発するワクチンでも、開発期間1年弱は不十分です」と警告しています。事実、中国では急造ワクチンを注射した人が死亡する事例が多発しているのです。

ワクチンが短期間で開発できない要因は、新型コロナウイルスが「RNA」(リボ核酸)を遺伝子とするウイルスだからです。RNAはシングルセル構造のため、DNAのような二重らせん構造より遺伝子配列が不安定です。そのため、変異は非常に早く、性質が変異しやすいのです。

日本のノーベル医学・生理学賞受賞の本庶佑氏も、新型コロナウイルスはインフルエンザウイルスやＨＩＶウイルスと同じようなＲＮＡウイルスであるため、効果的なワクチンを作るのは難しいとの見解を示しています。

新型コロナウイルスが武漢に発生して以降、すでに世界中で大変種したウイルス株が大量に特定されています。さらに、ワクチン接種によって死亡リスクが増えるケースが続出しています。今年の8月以降、香港、ベルギー、オランダに相次いで「二次感染」が発生しています。人間と新型コロナウイルスとの戦いは、まだまだ続きそうです。

「二次感染」と「再陽性」の違い

一度完治した新型コロナウイルス患者が、再び発症して「再陽性」となるケースが世界中で多発しています。この場合、ウイルスに再び感染したのはなく、今まで症状を抑えていた薬品や抗体の効果が消滅しただけにすぎません。

しかし、実際にウイルスに再び感染する「二次感染」を発症すると、患者の体内に第二、第三の変異が発生するそうです。仮に、ワクチンを接種した患者の体内で二次感染が発生すると重症化、死亡するリスクが急増します。その理由は

「ＡＤＥ」（抗体依存性感染増強）によるものです。

一例を挙げると、ある人物が新型コロナウイルスAタイプに感染したとします。そして治療用にAタイプのウイルスを抑えるワクチンを注射すると、患者の体内でウイルスがワクチンに対抗するためにAからBタイプ株に変異し、毒性が倍増した状態で二次感染を引き起こすリスクがあります。それがADE現象です。

つまり、確実性のないワクチンを摂取すると、重症化する感染者が増える可能性があるため、今後、日本政府が性急に造られたワクチンを用意して、さらに希望者に無料接種すれば、ADE現象が同時に発生し、大きな被害が起こるかもしれません。

新型コロナウイルスに感染すると、仮に重症化しなくても後遺症や不妊症を引き起こすリスクがあることを十分想定してください。日本の皆様は自身を守るために、確実に効果が実証されるまでワクチンを気安く接種しないでください。

同調圧力とメディアの情報封殺が日本を滅ぼす

コロナウイルス禍の終息が見えない現在、僕は最悪な状況を想定しています。日本社会は同調圧力が強く、今後、半ば強制的な出社や登校、ワクチン投与が実施されると、おそらく大半の方が従うでしょう。

それが原因で集団被害が発生し、さらに被害に遭った人が政府に対して障害者年金を申請すると、日本政府の負担が激増することになり、国家崩壊につながる可能性すらあります。現在の日本政府のメンバーと専門家たちは、いまだに新型コロナウイルスの危険性を完全に把握していません。

２０２０年６月、僕はジャーナリストの河添恵子氏と雑誌「ＷｉＬＬ」（ワック）の企画で対談しました。河添氏は、僕と同じく、海外の新型コロナウイルスに関するニュースソースを毎日のようにアンテナを張って収集しています。

僕と河添氏の共同認識は「日本の言論社会がおかしい」ということ。新型コロナウイルスは大量の人間を虐殺するために、中国共産党が開発した生物兵器であることは、世界共通の認識ですが、日本のメディアは、そのことについて腫れ物に触るように言論を封殺し、真実を述べる意見を「陰謀論だ」と無視しています。これでは、正しい情報を人々が把握することができません。

日本の皆様は、日本の大手メディアが発する情報を疑ってください。まだ、新型コロナウイルスとの戦いは続きますが、正しい予防習慣を繰り返し、過度にストレスがたまらないよう生活することを心がけてください。

〈参考サイト〉

https://www.medicalnewstoday.com/articles/zinc-may-have-protective-effects-against-covid-19#An-essential-mineral

https://www.spandidos-publications.com/10.3892/ijmm.2020.4575

https://jamanetwork.com/journals/jama/fullarticle/2770276
https://www.soundofhope.org/post/417709
https://ruo.mbl.co.jp/bio/product/epigenetics/article/RNA.html
https://bio.nikkeibp.co.jp/atcl/news/p1/20/03/30/06749/

第8章

「匿名者Q（キューアノン）」と「ディープ・ステート（深層政府）」の戦い

「匿名者Q」（QAnon）とは、2017年にアメリカの匿名掲示板「4chan」に投稿された「Q」と名乗るAnonymous（匿名者）の書き込みに端を発する、世界を陰から支配する「ディープ・ステート」（深層政府）の行為を暴く書き込みを行う人々の総称です。

現在、アメリカをはじめ世界中で匿名者Qに影響された保守層が増加しており、トランプ大統領の演説会場には、「私達はみんな匿名者Qだ」（We are Q）というプラカードを持参する支持者が参加しました。

匿名者Qは、アメリカのリベラル・左派層から「極右陰謀論集団」「トランプの工作員」と貶されています。これは、日本の保守層が「ネトウヨ」とサヨクにレッテルを貼られて、不当に貶されているのと似た現象です。

匿名者Qたちが真実を暴露しても「デマだ」と罵倒される一方、ディープ・ステートたちは資産家や独裁国家の政府と癒着し、多額の金銭を使って人々を騙し、永遠に奴隷のように支配しようとしています。どちらが「正義」といえる存在かは、火を見るより明らかでしょう。

メディアや国家権力を操るディープ・ステート

現在、世界では匿名者Q（世界の真実を暴く保守層）と、ディープ・ステート（世界を支配しようとする左派層）が、光と陰のように対立しています。

例えば、第3章で記したヒドロキシクロロキンの有効性を否定する製薬利権はディープ・ステートが握っています。つまり現在のアメリカではトランプ政権のほかに、アメリカの三権（立法、司法、行政）をコントロールしている陰の政府が存在するのです。

アメリカに限らず、ディープ・ステートたちは、組織が統一化しないまま、世界中に悪影響を与えています。彼らには明確なイデオロギーは存在しません、唯一追い求めているのは「経済利益」です。ウォール・ストリート（アメリカの資産家たち）界隈（かいわい）の株式利権屋、あるいは中国共産党からチャイナマネーを受け取った人々、彼らは自分たちの利益のために、金銭で世論を誘導し、金銭で司法機関をコントロールし、都合の悪い人物を不当に逮捕するなど、経済利益のために暗躍する巨大な闇の勢力です。

代表的な人物を挙げると、大物投資家のジョージ・ソロス、実業家として大成功したジェフリー・エプスタイン（故人）、マイクロソフト創業者のビル・ゲイツ、2016年に大統領選に出馬した政治家ヒラリー・クリントンら、アメリカ民主党支持の左派層が中心ですが、共和党内やCIA、FBIの中にも利益に操られて立法、司法、行政に干渉している人物が存在します。

そして、ディープ・ステートたちの闇を暴いているのは匿名者Qです。当然、ディープ・ステートを支持する左派層は匿名者Qの発言を認めません。自分たちの悪行が人々に知られないようにするため、匿名者Qたちを「極右陰謀論者」とレッテルを貼って攻撃します。

現在、ドナルド・トランプ大統領やスティーブン・バノン首席戦略官らが、ディープ・ステートによる支配体制を打破して、アメリカ社会をリセットしようとしています。

2020年8月21日、バノン氏ら含む4人が、アメリカの国家郵政公社に詐欺罪で起訴されて逮捕されましたが、その当日に500万ドルを支払ったことで保釈されました。この件を受け、バノン氏の顧問弁護士は裁判所で「無罪だ」と主張しました。

この事件の起因は、トランプ大統領が就任直後に公言した違法移民を食い止めるためにアメリカとメキシコの国境間に大きな壁を建設するという計画です。しかし壁の建設に莫大な資金がかかるため、アメリカの国会は建設を承諾しなかったのです。特にアメリカ民主党は移民層からの支持が厚いため、壁の建設資金の調達を必死に妨害したのです。

この流れを受け、イラク戦争で右腕と両足を失ったブライアン・コルフェージ氏という退役軍人が中心となって「We Build The Wall」（私たちは壁を作る）という運動を開始しました。コルフェージ氏はアメリカでは戦争の英雄として有名な人物であり、彼の影響力により2500万ドル（約26億円）もの寄付金が集まりました。

この際、バノン氏は自分の資金の中から100万ドル（約1億円）超を寄付したのですが、私財を政治活動に使用したという容疑で起訴されましたが、アメリカの法律では資産の10%までは政治活動の資金として使用するのは合法となっているのです。

国家郵政公社は、コルフェージ氏が寄付で集まった資金のうち35万ドル（約3700万円）が個人の生活費と自宅のリフォームに使用したため起訴されたようですが、使用した金額は資産のうちの10％未満のため、罪にはなりません。これからバノン氏には確実に無罪判決が下されるでしょう。

しかし、一連のニュースを受けてアメリカの民主党寄りの左派系マスメディアが、「トランプ大統領の元側近のバノン氏が犯罪を行った」と、さかんに煽っています。トランプ大統領は、それらの報道に対して「私はバノン氏と長い間連絡を取っていない。壁の建設のために民間から寄付を集める方法にはずっと反対していた。費用は国が出資するべきだ」とバノン氏との関係を否定したのですが、左派系マスメディアは一切認めようとしません。

それどころか「トランプ大統領は詐欺に関与しているのか？」というデタラメな報道を行って煽る始末です。トランプ大統領を落選させようと印象操作を行っているのは明白です。

警察や司法機関を操り、バノン氏やトランプ大統領を陥れようとしているのは、ディープ・ステートたちです。

バノン氏逮捕の報道はなんと中国の機関メディア・環球時報がCNNよりも2時間早く報道しました。ニュースは、中国全土のすべてのメディアとSNS上に、ただちに拡散されました。

また、アメリカ人になりすました五毛党（中国人ネット工作員）が、英語を使用してトランプ大統領やホワイトハウスなど、トランプ陣営の公式Twitterアカウントに「バノンは詐欺師だ。犯罪者だ」「トランプも犯罪者の仲間だ」などと、スパムメールのように世論誘導工作の「超限戦」を発動したのです。

今回のディープ・ステートの正体は、トランプ大統領の再選を妨害しようとする中国共産党と、蜜月関係のアメリカ民主党であることは明白です。彼らは金銭でアメリカの司法、行政を操っているのです。

ドイツの匿名者Q現象により発覚した衝撃の事実

アメリカに限らず、匿名者Q現象は世界中に広がっています。これから紹介する情報は、ドイツのインターネットに投稿されたものです。

最近、ドイツの若者の間で新しい流行語が生まれました。「メルケルへ」(to Merkel)。その意味は「何もしない、何も反応しない」です。これは、ドイツのアンゲラ・メルケル首相が中国政府の悪行を見て見ぬふりをしたり、香港版国家安全法に対して中国を批判しないにもかかわらず、ＥＵ会議の場では「欧州は中国の存在を無視しないでください」などと中国を擁護していることに対して、ドイツの若者があきれて使っている言葉です。

では、なぜメルケル首相は「21世紀のアドルフ・ヒトラー」と呼ばれる習近平主席を擁護するのでしょうか？　実を言うと、「メルケル首相は、ヒトラーの娘」と言う説があるのです。この話を聞いて、あまりに荒唐無稽だと思う方は多いと思います。しかし、メルケル首相とヒトラーには、いくつかの共通点があるのです。

1）メルケル首相の若い頃の写真を見ると、洋服にナチス（鷹に逆卍）のロゴが付いている。
2）メルケルとヒトラーの誕生日は同じ7月17日。
3）「メルケル菱形」と呼ばれる、メルケル大統領が癖にしている指のポーズはヒトラーも癖にしていた（ちなみにドイツでは、指で菱形を作るポーズは「権力」を意味します）。
4）メルケル首相が敬愛する作曲家リヒャルト・ワーグナーの楽曲は反ユダヤ的なものが多く、ヒトラーも好んで聞いていた。

ドイツの匿名者Qの情報によると、メルケル首相の出生には秘密があるそうです。

第二次世界大戦でドイツが敗北した後、元ナチス所属の医学博士カール・クラウベルク博士がソ連に拘束されました。クラウベルク博士は世界初の人工授精を発明した人物であり、生前のヒトラーが自分の精子を保存するよう命じていたそうです。ヒトラーは自らが死亡した際、自分の遺伝子を持つ人物を残そうとしていたのです。

そして、ヒトラーの死後、ソ連・KGBの命令で、クラウベルク博士はヒトラーの冷凍精子とヒトラーの愛人の妹の卵子を使って、ヒトラーの子供を誕生させました。その子供こそがメルケル首相だったのです。ソ連政府は、ヒトラーのような強力な独裁者を育てるために、メルケル首相を幼い頃から東ドイツに連れて教育しました。

しかし、ドイツが統一したことでソ連の計画は失敗に終わり、その後は、メルケル首相をドイツに送り込んで、共産主義世界を拡大するための指導者として利用しているのです。メルケル首相とヒトラーの誕生日は同じ7月17日と「設定」されているは、ヒトラーの娘だという「烙印（らくいん）」だと推測されています。

メルケル首相は難民を大量に受け入れるという政策を行って、その結果ドイツ中を大混乱に陥れましたが、その目的はドイツを弱体化させてその隙に共産主義勢力がドイツを乗っ取るというものです。

今回紹介した話を単なる作り話と決めつけるのは簡単です。しかし、匿名者Qの書き込みは真実である場合が多く、ドイツを破滅に導こうとするメルケル首相とアドルフ・ヒトラーにいくつかの共通点があるのも、また事実なのです。

共産主義を生み出した悪魔崇拝思想

現在、アメリカの共和党と民主党の政治的イデオロギーは完全に対極的なものとなっています。特に近年の民主党は、社会・共産主義的なイデオロギーがますます強まっています。

バイデン候補が選挙マニフェストに福祉などを目的とした税率アップをかかげると、トランプ大統領は共和党全国大会の最終日に「バイデンはアメリカに潜む社会主義のトロイの木馬だ」と単刀直入に批判しました。つまり、２０２０年の大統領選挙は、社会・共産主義ＶＳ資本主義の構図となっているのです。では、なぜ民主党はこれほどまでに「共産党化」しているのでしょうか？

何度も言うように、アメリカ民主党と中国共産党の本質は同一です。そして、二つの政党の思想のベースとなったカール・マルクスが考案した共産主義とは、社会的システムではなく、サタン（悪魔）崇拝から生まれた邪教だったのです。

話は17世紀にさかのぼります。アブラハムの宗教徒（ユダヤ教、キリスト教、イスラム教）の中でも、ユダヤ教徒はもっとも賢く金銭を手に入れる能力が高いと言われています。

例えば、米ドル札の1ドルの紙幣の左側は、未完成の13段階のピラミットの上に一つの目がある謎めいた絵が描かれているのですが、その目とは「神の目」と称する、世界の金融を監視するユダヤ教のシンボルです。17世紀以降、ユダヤ教徒たちは抜群の金融管理の才能を活用して欧州の大半の金銭を管理しています。ユダヤ教が富を支配したことが原因で、キリスト教徒とイスラム教徒から敵視されるようになったのです。

すると、一部のユダヤ教徒は自分たちが「神様が天国から派遣された、財産を管理する天使だ」と自認して、金銭だけでなく政治的な権力まで手に入れようとしました。そのため、ユダヤ教徒たちは、宗教弾圧など各地で迫害されるようになったのです。

そのような最中、シャブタイ・ツヴィという「ユダヤの救世主」を自称する人物が現れて、「シャブタイ派」というユダヤ教徒の新流派を開始しました。

シャブタイ派が歪曲して伝えたユダヤ教の教えとは、

1）やがて、人間界にメシア（救世主）が現れる。
2）徹底的に堕落した人生を送る、例えば、美食、無駄遣い、セックス、娯楽に熱中する、殺人、虐待、ひたすらモラルや社会のルールに反することを行う。

というもので、信徒たちは、ひたすら自堕落な生活を送るようになりました。これは、ユダヤ教の聖典「ヘブライ聖書」に記された天使ルシファーが天界から追放されて堕天使（悪魔）サタンになった物語と同一の現象です。

シャブタイ派は、現世にメシアが出現しないことを悟ると、無神論を主張しました。厳密に言うと、彼らは神ではなく悪魔を崇拝し始めたのです。シャブタイ派は、悪魔に生贄（いけにえ）を捧げるために、定期的に処女を拉致して虐待を行う儀式を開始しました。当時の欧州では少女の行方不明や強姦事件が多発したそうです。

その後、シャブタイ派は、多くの資本家から資金を集めて、人々の性欲、権力欲、金銭欲を刺激して信徒を獲得し続けました。これは、中国共産党の「拝金主義」の原点でしょう。さらに、「フリーメイソン」という多くの政治家や権力者が参加する組織と手を組んで欧州全域に影響を拡大しました。この政治的組織と癒着するという手法は、共産主義と同一です。

シャブタイ・ツヴィの死後、ヤコブ・フランクというメシアを自称する男が現れ、「シャブタイ・フランク主義」を新たに設立しました。シャブタイ・フランク主義は、ユダヤ教徒の悪行を正当化するために世界政府を成立して、すべての宗教を破壊して権力と金銭を取り戻すというものです。

それと同時に、フリーメイソンからイルミナティという秘密結社が誕生しました。イルミナティの鉄則は秘密厳守で、秘密を漏洩した者は殺害されるという残虐なルールを持つ秘密結社です。イルミナティの組織には階級制度があり、上の階級にいかないと、組織の秘密を知ることができません。入会する際に宣誓の儀式を行い、組織に忠誠を誓うのです。この徹底した隠蔽主義と組織に忠誠を誓うことを強制する手法は、中国共産党と同一です。

イルミナルティ誕生と同時期に、シャブタイ・フランク主義の信者の一人が「無産階級の労働者を搾取する資本家を許さない。資本家から巨大な富を奪って庶民に再分配するべき」という、一見平和主義的だが実際は略奪の正当化という理論を生み出しました。

実は、この信者こそ、共産主義を提唱したカール・マルクスだったのです。彼は悪行を正当化するためのシャブタイ・フランク主義を「共産主義」という理想主義的な言葉で粉飾したのです。

今まで共産主義者たちが行った虐殺や略奪、性犯罪や殺人行為は、「悪魔崇拝儀式」という宗教儀式からの派生です。共産主義のロゴマーク、「鎌とハンマー」は「暴力、虐殺」のイメージです。

アメリカの著名な歴史学者ジェームス・H・ビリントン氏らの研究によると、イルミナティの指導者であった、哲学者アダム・ヴァイスハウプトは、悪魔崇拝者だったそうです。

その後、イルミナティの派生組織「正義者同盟」は、1847年に「共産主義者同盟」と名を改めました。同年11月に共産主義者同盟は、マルクスと政治思想家のフリードリヒ・エンゲルスに宣言の起草を委託し、翌年2月21日には「共産党宣言」として出版されたのです。

共産主義は、シャブタイ・フランク主義の破滅思考とイルミナルティの秘密主義が融合して生まれた思想です。「目的のためなら何をしてもいい」という発想は、二つの思想の影響です。

共産主義の悪魔崇拝を証明する離島での乱交パーティー

共産主義＝ユダヤ・イルミナティ起源説の信憑性を支える一つの事実があります。

2019年、アメリカでは、未成年の少女を大量に拉致し、「ロリ島」と呼ばれる離島で児童買春の産業を始めたジェフリー・エプスタイン容疑者が逮捕されました。

エプスタイン容疑者は、個人のチャーター機「ロリータ・エクスプレス」を利用して、多くの資産家や政治家を島に招きました。その中にはアメリカ民主党上層部のメンバーが多く含まれていたそうです。

後に押収された顧客リストによると、アメリカのビル・クリントン元大統領はなんと26回も離島ツアーに参加したことが発覚しました。しかも、妻のヒラリー・クリントン氏も同行していたのです。それ以外にも、イギリス王室のアンドルー王子、俳優のケヴィン・スペイシー、ニューメキシコ州知事のミシェル・ルヤン・グリシャム、民主党のジョー・バイデン候補、映画監督のウディ・アレンなど、世界的な著名人の名前が数多くリストに記載されていました。

その中でも最も悪質なのは、レスリー・ウェクスナーという資産家です。レスリー氏は、自らが経営していた女性用下着ブランド「ヴィクトリアズ・シークレット」に登録された個人情報を利用して、エプスタイン容疑者が運営するロリ島で性的サービスを提供する未成年の少女たちの募集を行ったのです。

その後、ロリ島の性パーティーに参加した、銀行家のロナルド・バーナード氏が衝撃的な内部告発をしました。実はロリ島で行われる少女に対する性的虐待は「悪魔的虐待儀式」であり、アメリカの金融業界、資産家たちの間では、この儀式を経験しないと高い地位に就けないという暗黙のルールがあるというのです。

中国でも「処女売春宿」といった、未成年の少女に性的サービスを強要する犯罪が多発しています。多くの政府官僚が少女に手を出すのは、ロリ島と同じく「悪魔的虐待儀式」を行っている可能性があります。

つまり、アメリカ民主党、中国共産党を含むディープ・ステートの本質は悪魔崇拝であり、彼らが蜜月関係なのは思想が同一だからです。これが、世界の伝統と秩序、歴史と文化、宗教と倫理を破壊するディープ・ステートの正体です。最終的に人類を総奴隷化するのが目標なのでしょう。

しかし、現代には世界のメシアが出現しました。それがドナルド・トランプ大統領です。しかも、トランプ大統領自身もそのことを自覚しているようです。

2020年7月に、ホワイトハウス付近に所在する長い歴史を持つ教会がANTIFAメンバーの放火により破壊されました。トランプ大統領は翌日、聖書を持ちながら、放火された教会の前でANTIFAの行為を非難しました。

その後も、トランプ大統領の執務用の机の上にいつも聖書が置かれている様子がマスメディアで報道されたのですが、これはトランプ大統領の「神の力でアメリカをリセットする」という決意の表れでしょう。トランプ大統領以外にも、共和党の議員たちは、演説を終えると必ず「神様が偉大なアメリカを守りますように」と祈りの言葉でまとめます。日本でいえば言霊です。

日本に蔓延する乳首計画

この章の最後に、日本の現状にとても相応しい「陰謀論」を紹介します。

欧米には「tittytainment」（乳首計画）という言葉が存在します。tittytainmentとは「titty」（乳首）と「entertainment」（娯楽）を合わせた造語で、国家が数多くの娯楽コンテンツ、芸能文化を生み出し、国民がそれに熱中することで、政府がどれだけ搾取や暴政を行っても、国民はそれに気がつかないというシステムを指します。つまり、国民の思考力を娯楽で奪い「幼児化」させる戦略です。

僕は日本に6年間滞在するうちに、日本の社会システムを把握できるようになりました。国内や国外で重大な事件が発生した場合でも、日本のＳＮＳのトレンドには、芸能やアニメ、ゲームなど娯楽に関係するものばかり紹介されます。実際に事件について日本人の知り合いに聞いても「興味ない」と答える例が少なくありません。

日本の多くの人々が娯楽コンテンツに一喜一憂しているのに対し、政治や国際情勢に興味を持つ人が少ない印象を受けます。これは日本の戦後に蔓延している乳首計画ではないでしょうか。

（参考サイト）

https://www.telegraph.co.uk/news/worldnews/europe/germany/11788216/German-youth-to-create-new-verb-to-Merkel-meaning-to-dither-or-to-do-nothing.html

https://www.mythdetector.ge/en/myth/young-girl-posing-hitler-angela-merkel

https://blogfactory.co.uk/2017/11/26/angela-merkel-is-the-daughter-of-hitler-and-hitler-was-a-rothschild/

https://daily.zhihu.com/story/7402263

https://www.sankeibiz.jp/express/news/150727/exf1507271240004-n1.htm

第9章

トランプ大統領こそ世界の救世主だ！

共和党全国大会で語られた真実

最後の章では、2020年のアメリカ大統領選挙の動向を決定的にする事例を紹介・解説しましょう。8月26日から29日にかけて、アメリカでは共和党全国大会（RNC）が開催されました。日本のマスメディアは冷たい論調でこの大会を酷評しましたが、実は、現在のアメリカ各州では共和党支持者が急増しているのです。

アメリカの政治専門誌「ザ・ヒル」の報道によると、8月25日にケーブル局「C－SPAN」で放送された共和党大会のライブ中継の初日の視聴者数は約44万人でした。これは民主党全国大会（DNC）の視聴者数7・6万人の6倍近くに上ります。共和党はこの大会が世論を逆転させたことを実感しています。

以前の選挙報道では、常にアメリカ民主党がマスメディアにプッシュされて、毎日のようにフェイクニュースや事実の切り取りによる偏向報道が行われていたのですが、ライブ中継では情報を操作することはできません。トランプ政権が地上放送の影響力をうまく活用したと言えるでしょう。

なんと、民主党の大票田・カリフォルニア州でさえ、共和党の政策に共感している人々が増加しているという情報があります。カリフォルニア州に住む人物は、民主党大会の中継を観て「いままで民主党の支持者だったが、連日行われている民主党大会では、トランプ大統領に対する人身攻撃や黒人問題など、最初から最後までアメリカ国民に憎しみを伝える暗い雰囲気だった。多くの出演者はただ自分の鬱憤を晴らすような発言を行い、国民分断や暴力を推奨し、アメリカの伝統と美点を足で踏みつけるように罵倒していたので、気分が悪くなった」と語ったそうです。ライブ中継により、民主党の真の姿が明らかになったのです。

また、共和党大会終了の翌日には、もともとアメリカ民主党の票田であるミネソタ州内の都市の市長6名（バージニア市長ラリー・カフ、チショルム市長ジョン・チャンプス、イーリー市長チャック・ノバック、ツーハーバーズ市長クリス・スワンソン、イヴレス市長ロバート・ヴレイサヴルジェヴィッチ、バビット市長アンドレア・ズパンチッチ）が、トランプ大統領支持という共同署名の声明を発表しました。共和党支持者は、日に日に増加しています。

共和党大会のラスト、マイク・ペンス副大統領は「この選挙は、両党の争いではない、アメリカの民主主義を守るための選挙です」と発言しました。つまり、もし民主党が当選したら、アメリカの民主主義は崩壊の危機に瀕します。

共和党に声援を送る人々の真実の声

以下に共和党大会に参加した人々の主張を記載しましょう。人種や階級を問わず、あらゆる人々から支持されるのが共和党の特徴です。

陳光誠（盲目の中国人反体制民主派活動家、元人権派弁護士）

２００６年、複数の中国の一人っ子政策下によって堕胎や不妊治療を強制された妊婦たちを原告とした訴訟を手伝い、7万人以上の新生児を誕生させた実績を持ちます。現在の中国は少子高齢問題が深刻化しており、陳氏の行為は正しかったことが証明されました。

にもかかわらず、中国当局によって数年間自宅軟禁され、2012年に北京のアメリカ大使館に駆け込み、政治的亡命を要請し、家族と共に亡命に成功したという経緯を持ちます。

陳氏は、演説中は常にテーブル上に設置された点字を触りながら、たどたどしい英語スピーチで「中国共産党は人類共通の敵だ」「トランプ大統領は、我々や民主主義国家の未来のために戦っている」というメッセージを訴えました。

陳氏のメッセージは他の演説者より短いものでしたが、誰よりも強力な反中姿勢を示しました。党大会に中国人を招待して演説させたアメリカ大統領は、トランプ氏が史上初です。これはトランプ大統領が中国共産党を攻撃する意思を固めた証と言えるでしょう。

ニック・サンドマン（18歳の白人男子高校生）

一介の高校生であるニック君（ニコラス・サンドマンの愛称）が共和党大会の演説に招待された理由は、アメリカの左派メディアに「集団リンチ」されて裁判沙汰にまでなった経緯があるからです。彼は左派メディアのフェイクニュースによる危険性を訴えています。

2年前（2018年）、16歳だったニック君は、BLM（BLACK LIVES MATTER　黒人の命を大切に）運動に対抗するため、同級生と一緒にALM（ALL LIVES MATTER　すべての人の命を大切に）のデモに参加しました。

ニック君たちは、トランプ大統領を応援するための赤いMAGA（Make America Great Again）帽子を被っていたのですが、それだけの理由で左派マスメディアから悪意に満ちた誹謗中傷を受けました。当日のデモでは、BLMに参加する少数民族の中年男性が、ニック君の前に立って挑発行為をしたのですが、ニック君は笑みを浮かべるだけでした。

しかし、その当日、アメリカの10以上の左派メディア（abc、CBS、The Guardian、ハフィントン・ポスト、NPR、SLATE、The Hill、CNN、ワシントン・ポストなど）が、「MAGA帽子を被っているトランプ支持者の少年が、マイノリティーの少数民族の街で、マイノリティの中年男性の進路を塞いだ。この少年は、中年男性の邪魔をして、嘲笑った」と、歪曲したイメージで全国放送を行ったのです。

その後は大勢のマスコミが、ニック君の自宅に殺到し、彼の両親まで差別主義の息子を育てたと批判され、家族3名は、隣近所から白い目で見られる日々を過ごしました。そうした事態を受け、ニック君は法的手段を行使して自分の家族を守る決意をしたのです。

ニック君は、自分や家族を誹謗中傷するマスメディアを裁判所に提訴しました。一緒にデモに参加した同級生たちも協力して現場を撮影したすべての動画を集めて裁判所に提出しました。そして、ニック君の行動には問題はなく、挑発行為をしたのは自称・少数民族の中年男性だと判明したのです。

マスメディアは事実を歪曲して、一人の少年とその家族に多大な迷惑をかけた罪で慰謝料を支払うという判決が裁判所から下されました。CNNとワシントン・ポストはニック君の家族に慰謝料を支払い、各メディアが謝罪しました。

共和党全国大会でニック君はアメリカのフェイクニュースの害悪を訴えました。一人の少年の演説により、多くのアメリカ国民がメディアの欺瞞性(ぎまんせい)に気づいたのです。

イヴァンカ・トランプ(トランプ大統領の長女)

イヴァンカ・トランプ氏は、ホワイトハウス内で父親の人物像について語ることにより、マスメディアが報道しない、真実のトランプ大統領の姿が判明したのです。

2020年3月から新型コロナウイルスがアメリカで流行し始め、政府は「戦時状態」と呼びかけて、アメリカ国民に自粛生活を求めました。すると、穀物や乳酪の生産農家たちはインフラがストップしたことにより、自分たちが生産した農作物を小売店舗に出荷することが不可能になり、大量に破棄する事態となりました。

自粛生活が始まると、多くの人々が勤め先を解雇処分となり、失業した人々が餓死するという事態すら発生しました。アメリカ国民の平均貯蓄額は日本国民よりもはるかに低いため、解雇されると生活能力が失われる例が多いのです。

このような事態を受け、トランプ大統領が素晴らしい政策を実施しました。アメリカ政府が農産品を税金で買い取り、食料を求める人々に無償で配給しました。トランプ大統領の決断に対して、イヴァンカ氏は自分の父が正しい決断をしたと、誇らしげに語ったのです。

さらに、イヴァンカ氏はＢＬＭ運動に言及し、「過去の政治家たちが残したマイナスの遺産を私の父に擦り付けている」と民主党が行った世論誘導を鋭く批判しました。前任の民主党オバマ政権時も、さまざまな差別問題があったにもかかわらず、マスメディアはトランプ政権のみを批判しています。これは明らかな偏向報道でしょう。

さらに、イヴァンカ氏はトランプ大統領とともに、アリス・ジョンソンというコカイン密輸の罪で終身刑が下された黒人の高齢女性減刑を訴え続けた経緯があります。二人の助力により、ジョンソン氏は、出所して、22年ぶりに家族と再会することができました。もし、助けがなかったら、彼女は生涯家族と出会えなかったでしょう。

実は、１９９４年に黒人に重罪を科すという不平等な法律を制定したのは、アメリカ民主党のジョー・バイデン氏です。日本とアメリカのマスメディアは、トランプ大統領を差別主義者と見なして誹謗中傷しますが、本当の黒人差別者は、バイデン氏らアメリカ民主党議員のことです。

ＩＳＩＳに娘を殺されたカイラ・ジーン・ミューラーの遺族

そして、共和党全国大会のスピーチの中で最も人々を感動させたのは、ＩＳＩＳ（イスラム国）に拉致・監禁された揚げ句に死亡した女性活動家カイラ・ジーン・ミューラー氏の父親のカール氏と母親のマーシャ氏によるものです。スピーチの冒頭、マーシャ氏はこう語りました。

「私たちの娘・カイラはテロ組織ＩＳＩＳに拉致され殺されました。カイラは、子供のころに独学でいろいろな言語を勉強し、作曲とギターも勉強しました。彼女はどこに行っても人々に笑みを与える不思議な力があり、彼女は公平な視点で世界を観察することができます。そして、彼女は人道支援ボランティアとしていろいろな国に派遣された経験があります。彼女はインドのとある孤児院で孤児の面倒を見た際『苦しんでいる人々の目には神様が宿っている。もしこれが私に対する神様からのメッセージなら、私はずっと神様を探し続ける』と書いた手紙を私たちに届けたのです。そして、２０１２年、娘カイラはトルコに派遣され、シリア難民に対する救助活動を行いました。そして、２０１３年８月、とある救援隊の方が娘にシリアの病院でお手伝いをしないかと誘ったのです」

この誘いが、彼女に降りかかった悲劇の引き金となりました。２０１３年８月４日、ＩＳＩＳに所属するテロリストが、カイラ氏が乗車した自動車を停止させて、彼女を捕虜として拉致・監禁したのです。監禁された当時の様子を、父親のカール氏が語りました。

「カイラは暗くて汚い監獄に監禁され、大半の時間は孤独でした。テロリストたちは、カイラの目に強い照明を当て、髪の毛を丸刈りにして暴力を振るいました。テロ組織のリーダーだったアブ・バグダディは、18カ月間にわたってカイラに強姦（ごうかん）を繰り返したそうです。カイラはその極限状態を必死に耐えました。私たちは、娘を救出するためにISISとの対話を実現するために当時のオバマ政府に頼み込んだのです」

APF通信によると、娘カイラがバグダディ容疑者から性的暴行を受けていたとの情報を政府当局から6月に伝えられたことを認め、「カイラは拷問を受け、バグダディの所有物だったと聞いた」と語った。しかし、当時のアメリカ政府の対応は、カイラ氏の両親を失望させました。

「当時の私たちはオバマ政権を完全に信頼していましたが、当時のオバマ大統領は私たちとの面会すら拒否しました。その後、他のアメリカ人の人質が斬首された後、ようやくオバマ大統領からメッセージが寄せられたものの、バイデン副大統領からのメッセージは一切ありませんでした。しかも、その後のオバマ大統領は多くの情報を隠蔽して、事件の解決を先送りにしたのです。私たちは絶望しました。オバマ政権は人質となったアメリカ人の命より、グアンタナモ米軍基地に監禁されたテロリストたちの人権を尊重していたのです。当局からは国防省が人質を救出する作戦が計画されていましたが、オバマ政権が救出を妨害しました。作戦が開始したころには、カイラは、すでに他の場所に移動させられていたのです。その後、18カ月もの間、拷問を受け続けた揚げ句、『カイラは殺された』という情報が私たちに届きました。オバマ大統領は、私たちに必ず娘を救出すると約束したのに、実は何もしませんでした」

これはあくまでも僕の推測ですが、オバマ前大統領はＩＳＩＳに国防省の情報を故意に漏洩したのではないでしょうか。なぜなら、オバマ前大統領と同じく民主党所属のヒラリー・クリントン氏がテロ組織ＩＳＩＳに資金と兵器を提供していた情報もあります。そして、カール氏は、事態の結末を語りました。

「２０１７年にトランプ政権に交代した途端、事態は一変しました。トランプ大統領がカイラの事件を聞いた直後、陸軍特殊部隊を結成し、秘密作戦を実行しました。テロ組織のリーダーであるアブ・バグダディがいる場所を特定し、斬首作戦を成功させました。バグダディが殺害された後、私たちの元に、とある情報が届きました。バグダディ斬首作戦のミッションの暗号は『８１４』、それはカイラの誕生日8月14日のことだったのです。しかも、斬首作戦の正式名称は『カイラ・ミューラー・アクション』でした。娘の仇（あだ）を討ってくれた米軍兵士に感謝します。娘カイラは天国であなたたちを見守っているでしょう。トランプ政権は私たちに対して最大限の優しさと愛情を贈ってくださいました。これはオバマ政権下では一度も感じたことがないものでした。私は明言します。もしカイラが拉致された当時の大統領がオバマ氏ではなく、トランプ氏だったならば、カイラは生きていて、ここにいたでしょう。娘のカイラはオバマ政府に殺されたのです」

そして、カール氏が語り終えた後、マーシャ氏が語り出しました。

「カイラの唯一の願望は家に帰ることでした。私たちは彼女の魂を探しています。神様に彼女の魂を家に連れてきてほしいです。私たちは二人目の子供ができませんでした。しかし、神様は私たちにカイラを授けました。そして、カイラは自分の命を世界の平和のために捧げたのです」

このエピソードを聞けば、民主党オバマ政権と共和党トランプ政権の差がわかるでしょう。そして、ミューラー一家の例を見れば、北朝鮮による日本人拉致被害問題の解決策は明らかになります。集団的自衛権の下に自衛隊と米軍が提携して、北朝鮮に進攻した後に拉致被害者を救出すればいいのです。

中国の「義烏現象」でアメリカの選挙結果を精確に推測できる

僕の出身地の中国・浙江省には、義烏市という世界的企業の工場が集結する都市が存在します。義烏市のとある工場では、アメリカの大統領選挙に使用される両党の立候補の選挙応援グッズが受注生産されています。

取材を受けた工場の中国人社長は、トランプ大統領の支持者です。支持する理由は「トランプ支持用の選挙応援グッズの発注数は、バイデン支持用グッズの十数倍以上です」とのこと。現金主義の中国人らしい発想です。

しかも、義烏全体の工場では、圧倒的にトランプ支持用のグッズの発注が多かったそうです。実は、この「義烏現象」は今回だけではなく、4年前もトランプ氏の応援用グッズの方がヒラリー・クリントン氏のものよりも圧倒的に発注は多かったという統計があります。

当時は世界中のマスメディアが、政治経験がないトランプ氏を支持する人は少ないと報道しましたが、「義烏現象」は正確にトランプ立候補の当選を予測しました。大手通販サイト「Amazon」の北米市場の消費者データから集計すると、トランプ大統領の応援グッズはバイデン氏の応援グッズより圧倒的に売れ行きがよいことが判明しました。

このようなデータから、トランプ大統領に投票するサイレント・マジョリティが数多く実在することがわかります。しかし、アメリカ民主党の背後に存在する中国共産党が、今後もさまざまな選挙戦略でトランプ氏の当選を妨害するかもしれません。

実際、2020年9月1日、Twitterの運営がトランプ大統領のRT（リツイート）を削除しました。

RTされた投稿は、「アメリカCDC（疾病予防管理センター）が秘密裏にアメリカのコロナ死者数を更新した」という報告です。投稿の内容は、CDCが今まで新型コロナウイルスによる死亡者として記録した15万３５０４人は「臨時死亡記録」で、実際は新型コロナウイルスを要因とする死亡人数はこの数値の６％である９２１０人に過ぎず、他の94％の死者は新型コロナウイルスが直接の原因ではないというものです。

この話が真実だとしたら、Ｔｗｉｔｔｅｒはアメリカ民主党や中国共産党のようなディープ・ステートに浸食され、トランプ政権の失政により、新型コロナウイルスによる被害が拡大したという印象を植えつけようとしたのでしょう。

彼らが展開する「超限戦」には警戒する必要があります。

〈参考サイト〉

https://www.afpbb.com/articles/-/3057489
https://www.youtube.com/watch?v=8f2IG-r5_0Q
https://www.afpbb.com/articles/-/3057489
https://gyou.hatenablog.com/entry/20160822/p1
https://www.wkbn.com/news/coronavirus/twitter-removes-qanon-conspiracy-theory-claiming-cdc-quietly-updated-covid-19-numbers/

あとがき

この本を完読した方は、新型コロナウイルス対策に関する正しい情報が身についたと思います。これからは、気を緩めず「絶対に感染しないように」という意識を持ちながらコロナウイルスと共に生活することが大切です。

「コロナは、いつ終息するの？」と、多くの日本の方が僕に質問しました。そのたびに僕はこう答えます。「中国共産党が崩壊しない限り、永遠に終息しません」。なぜなら中英が超限戦で新しい生物兵器で投毒し続けるでしょう。

「日本の笑いの人間国宝」であった志村けん氏ら、多くの尊い命が新型コロナウイルスによって奪われました。彼らは中国共産党の悪行の犠牲になったことを意識してください。今の日本には、中国共産党の魔の手が迫っています。日本の皆様、目覚めてください！

僕は、マイク・ポンペオ国務長官の警告を踏襲して、すべての日本人に勧告します。今行動しなければ、共産主義中国は最終的には日本人の自由を侵食し、日本人が長年苦労して築き上げた世界唯一無二の日本文明は破壊されるでしょう。今、日本人が中国共産党に跪けば、日本の子孫たちは、奴隷のように支配されます。

僕たちが、今すぐにもできるささやかな抵抗は、中国製品を買わない、中国系企業と契約しないといった「中国ボイコット」です。そういった運動が拡大すれば、中国の経済力は低下し、やがて中国共産党を打倒しようという運動が中国各地で発生するでしょう。

日本のアマビエ、そして八百万の神様が、日本の皆様を中国共産党から守りますように—

第1話 侵略

西暦
2027年

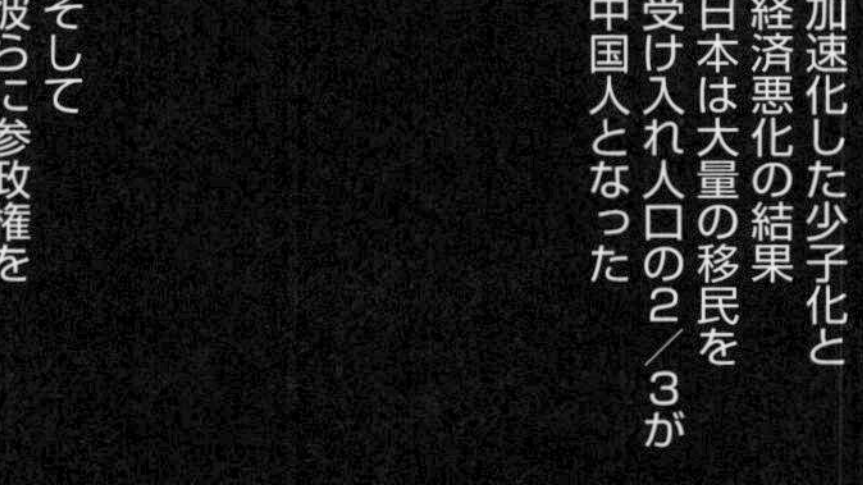

そして
彼らに参政権を
与えたことにより

共産党が急速に
議席を伸ばし
2027年
ついに政権を
取るに至った

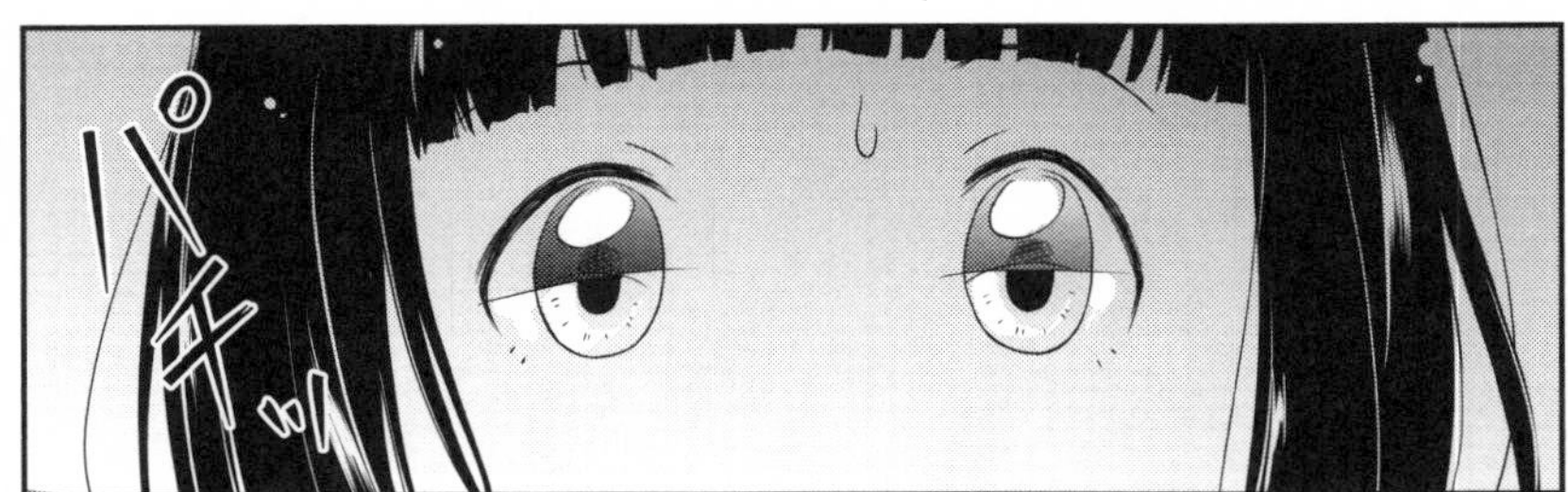

はーい

怖い夢を見た
すごい汗をかいた

最近…
生活が変になった…

＊私は志位主席を愛してます、偉大なる志位主席

＊今日のブロッコリーは安いわ
そう?私も爆買いしにいくわ

華人时报
そうだ！北京に行こう
体验中华文化精髓
週刊新調
HUAWAI
華夏不動産
満漢全席飯店
名言集
中国一周の旅
中吊りは漢字ばかりまったく読めないニダ
中国語を覚えないと生きづらいかな？
你公司的新计划进展如何
なんだよ公众地方不要谈公事呗

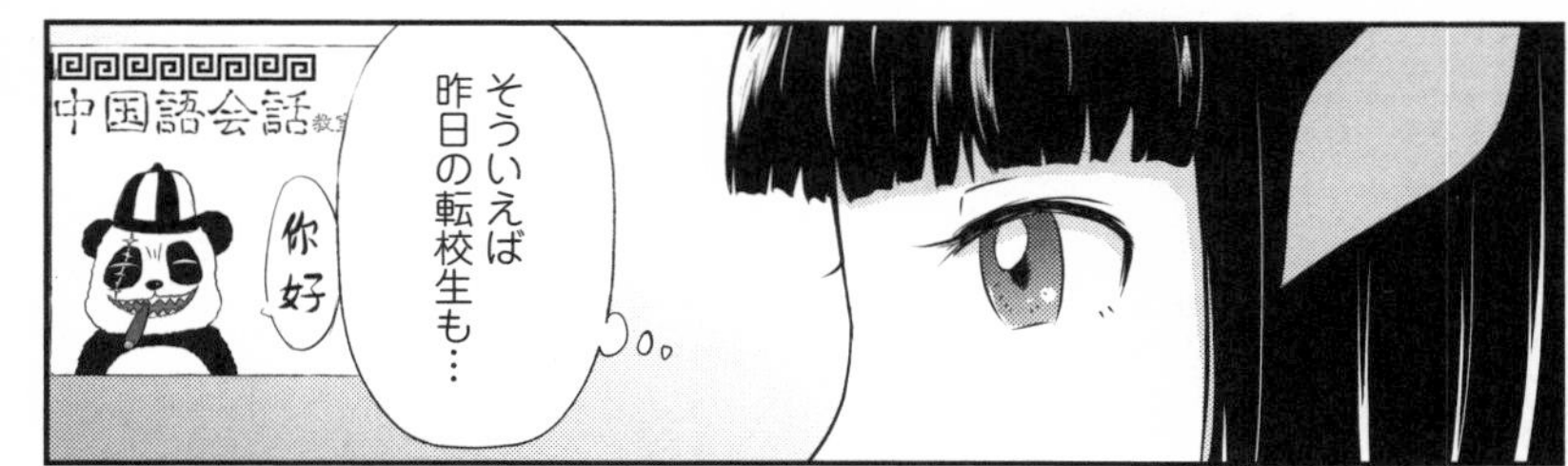
そういえば昨日の転校生も…
中国語会話
你好

今日はクラスに中国山東省からの転校生が来ました
梅（メイ）さん入ってください

一言
お願いします
みなさん
はじめまして
我叫梅晓芳
请多多指教
仲良くして
ください

美眉哦
腿好长哟
お前のタイプだろう
美人だな
じゃあ、そこの空席に座りなさい
はい
ちらっ
は、はじめまして
パクジョンハンと
申しますニダ

よろしくね
八重咲桜さん

あっ
よろしく
お願いします
なんで私の名前
まで覚えてるの？

苦手なタイプ
だな

ザワ
ザワ

しぶやー
しぶやー

ザザワ
ザザワ
昨年から
マイナンバー・カードを
所持することを
義務化しました
新しいマイナンバー制度に
国民の顔、指紋、血液の見本、
銀行口座を登録し
いざ災害の時に
救済しやすい
システムです

中国語会話
また犯罪抑止の効果もありみんなの力に合わせ平和と安全な日本共和国を目指しましょう
皮肉だな以前は共産党がマイナンバー制度をあんなに反対したのに
人権侵害ニダ

市民の皆様最寄り警察で個人情報の登録してください

HUAWAI
国家権力の暴走ニダ
国籍:韓国
性別:男
年齢:32
住所:神奈川
思想行為記録:低
詳細を見る
思考行為記録を記録しました
国籍:日本
性別:男
年齢:54
住所:千葉
思想行為記録:中
詳細を見る
思考行為記録を記録しました

もうすぐ来る
今日の予定：
J81 SHIBUYA

来た！
今日朝、中国人民解放軍の最新鋭ステルス機が東京横田解放軍基地に駐在する予定です
龍角散
ダイレクト
平和
安全
渋谷駅

オオ

ボオ

!!

オオオオ
I ♥ CHINA
皆様、盛大な拍手で
歓迎してください

第2話 解体

ゴオオォ

こ
これは!?
バカな
こんな回転も
できるのか!!

というか
ものすごいG*を
かけられそう……
耐えられる
パイロットは
化け物か!?
ホオオー
＊航空機が急速回転に発生する重力加速度のこと、
人間が耐えられるGは９Gが限界です、これ以上
超えたら失神状態になり、航空機の墜落事故になります

ホオオオ…
以上 現場の
報道でした
CHK

厉害了
我的祖国！
解放军是
我们的骄傲呀
名物
庆丰肉包
好给力！
I ♥ CHINA
市民の皆様
顔データの
ご登録を
ご協力
お願いします
＊すごいぜ！我が祖国！
＊人民解放軍は私たちの誇りよ

コソ
コソ

冗談じゃないわ！顔データの登録なんて
ダッ

うちの堂兄弟(従兄弟)一家に来週日本に来るよ
来旅游吗？
不是呀(いいえ)特別永住許可だ

＊観光ですか

中会話
多得了志位主席
志位主席のおかげだ

＊どこに別荘を買う予定ですか？　＊沖縄か北海道だな

＊クソ！昨日、実家の付近で大爆発したわ

＊昨日20缶の粉ミルクを中国に郵送した
＊お前の子供が日本の粉ミルクを食い尽くすつもりか

ボロ
御守
109
UNIQLO

ポトッ
御守

ザワ
ザワ
あ、あの
落し物…

ザワ
ザワ
ザワ

しょうがないな

ゼー
ゼー
学校も変になった…
12-18
猫にエサをあげないで!

ゼー
ゼー
ゼー

一昨日

えっと…中国は歴史悠久な素晴らしい国だ
庆祝!一〇八名入学

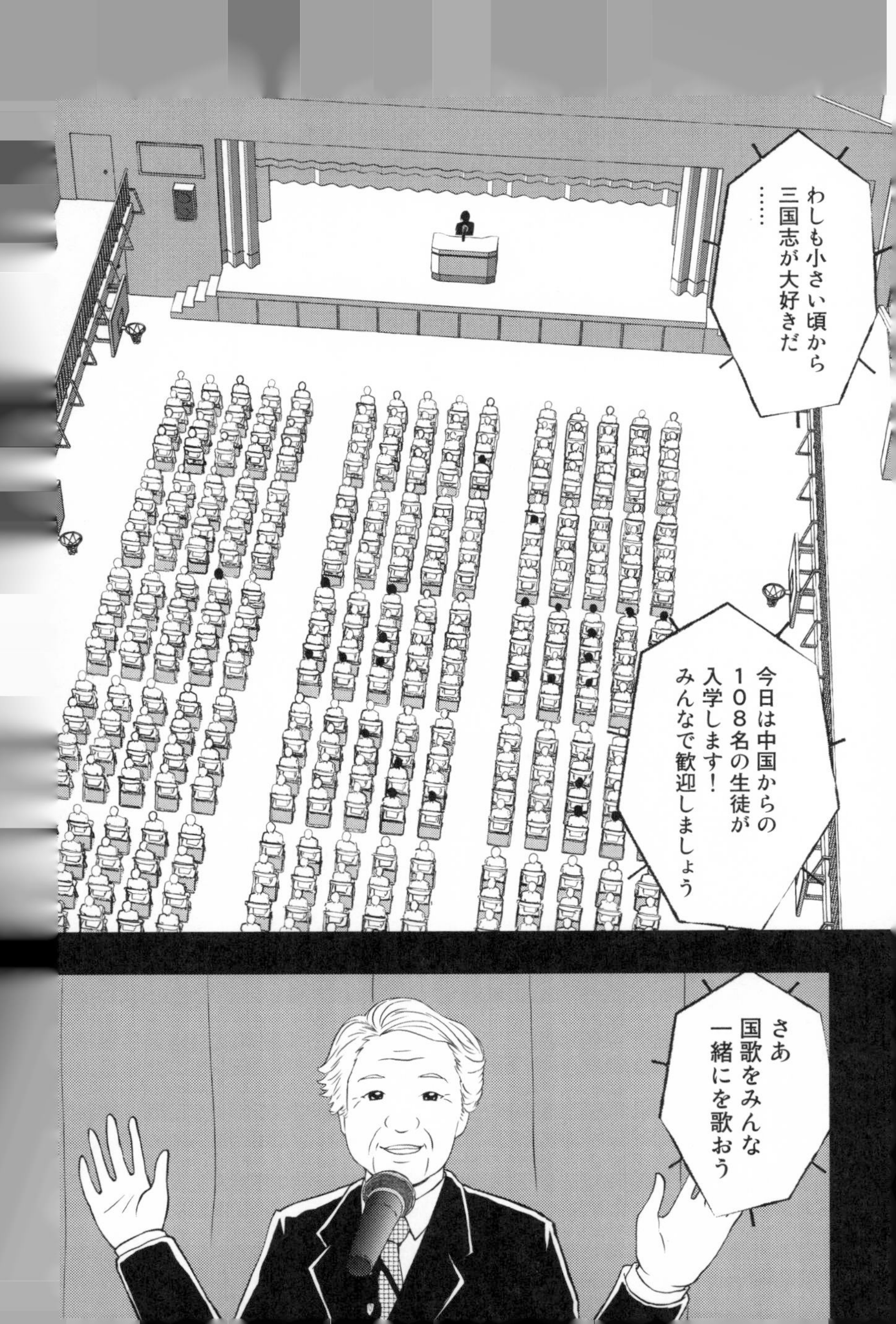
わしも小さい頃から
三国志が大好きだ
……
今日は中国からの
108名の生徒が
入学します！
みんなで歓迎しましょう
さあ
国歌をみんな
一緒にを歌おう

起来！
不愿做奴隶的人们！
把我们的血肉
筑成我们
新的长城！
中华民族到了
最危险的时候
ここは
どの国かよ
声がデカい
……
次は日本国歌を
斉唱するのだ

君が代は
千代に八千代に
さざれ石の
いわおとなりで
ザワ
ザワ
ザワ
ザワ
こけのむす
まで
卧槽
军国主义味道
扑面而来呀
怎么那么像
殡仪馆的哀乐啊
好讨厌哦
呵呵
很不爽呀
＊うわ、軍国主義臭い
＊この葬式みたいなメロディーが嫌い
＊ハハハ、不快だ
日本と中国は
古からふか〜い
付き合いがあり
皆様
ぜひ仲良くして
ください
ヒソ
ヒソ
ヒソ
中国語を分からない
けど、バカにされてる
ようです
チッ
嫌なら
日本にくるな
ヒソ
ヒソ
私たち日本人の
居場所が追い
やられている
気がする
そう言われずに
また担任先生が
「差別よくない」とか
反省文を書かせるよ
本当のことを
言ってもダメ
なのか…

ゼー
ゼー
ゼー
ここは大丈夫そう…
キョロ
キョロ

子供頃に家の近くにある八幡神社で
幼馴染とよく遊んでいた

隠れん坊しよう♪
しましょう〜
桜 9歳

ジャン～ケン～ポン！
うちが鬼だ
キャハ
もういいかい
まぁだだよ
桜ちゃんみっけ
ああ 早いな つま～んない

わー
狐さんかわいい
夜だと ちょっと
怖いなと思って
神様をまじまじと
見つめたら失礼だよ
みんな
近所の氏子かい？
ごめんなさい
神主さん
あたし来月また
巫女のバイトを
するわ
イチニ
イチニ
ここは
私たちの大事な
思い出の場所
だったのに

ドンガ
ふざけんな！我ら氏子の反対を無視して
勝手に解体工事をするな！
そうだ！この罰当たり！
ここにタワーマンションいらないわ！
掲示板
ご迷惑をおかけします
新しいタワーマンションを
つくっています。
発注者　(株)中国黄河不動産
施工者　趙氏建設株式会社
皆様申し訳ありませこれは政府が許可した工事で

＊この世に神様なんているわけねぇ！カネこそ神だぞ

うそ…

八幡神社が…

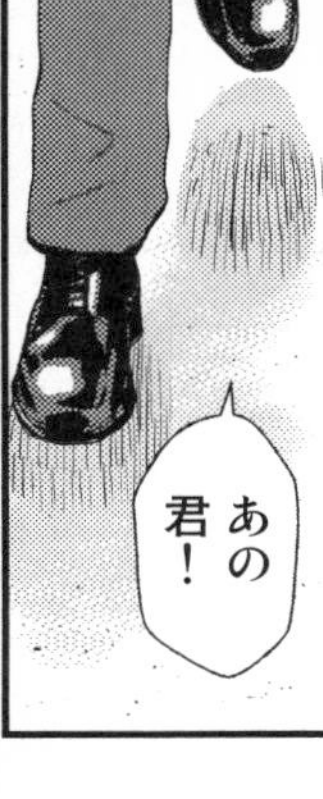

顔データの登録はお済みですか？
顔データの登録は国民の義務です
顔の全部が見えるようにしてください
髪の毛は耳にかけて
あっあの娘だ！

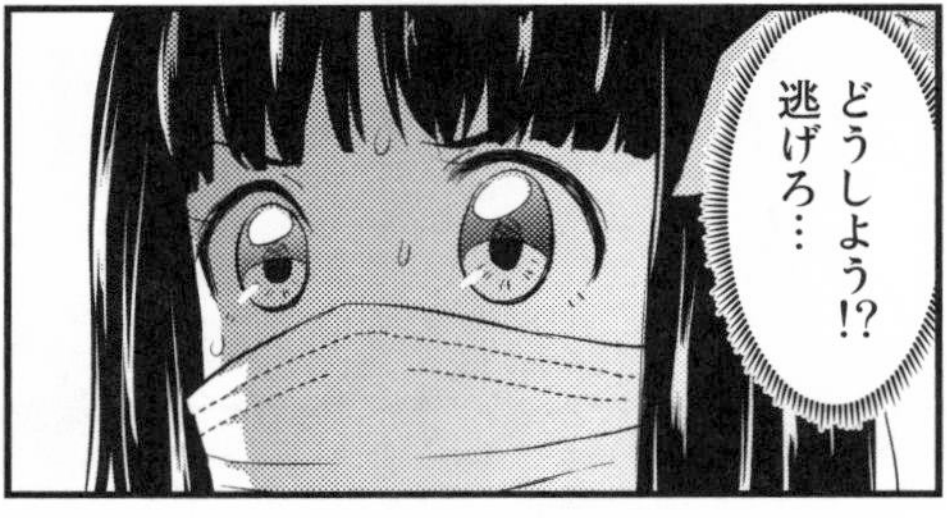
どうしよう!?逃げろ…

警察が…

政府の記者会見
日本各地の神社の解体作業を反対する国民の声に対しどう説明しますか？
パシャ
パシャ
老朽化に進む神社で子供が危険な建造物の敷地で遊んじゃいけません
子供の命を守るのは我ら政府の責任だ
次号へ続く

第3話 監視

顔データの登録は
市民の義務です
さあ、マスクを
外してください

逃げられない
…

やあ
お待たせ
警察さん
何の用ですか?
?

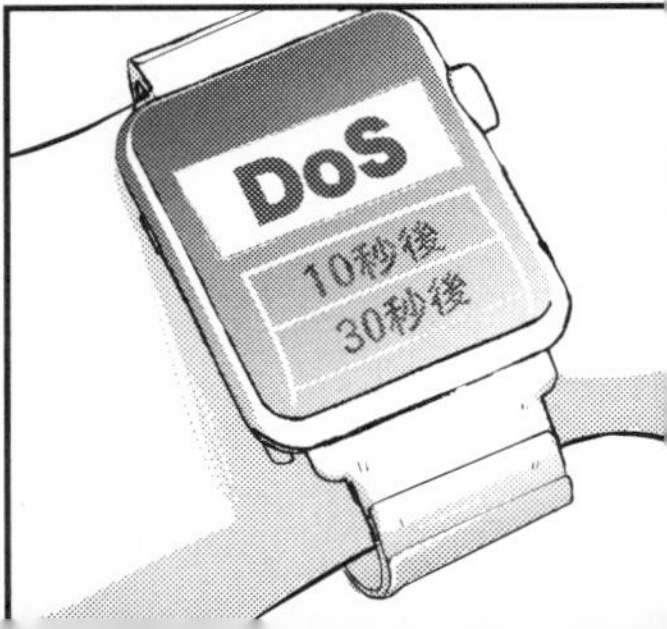
DoS
10秒後
30秒後

顔データの
登録手続きを
行います

あなたも
登録されてい…
ないですね
あれ?
NO DATA

ザ
ザ
ザ
SYSTEM ERROR

ウッ!!
何だ!?この光
目が痛い!

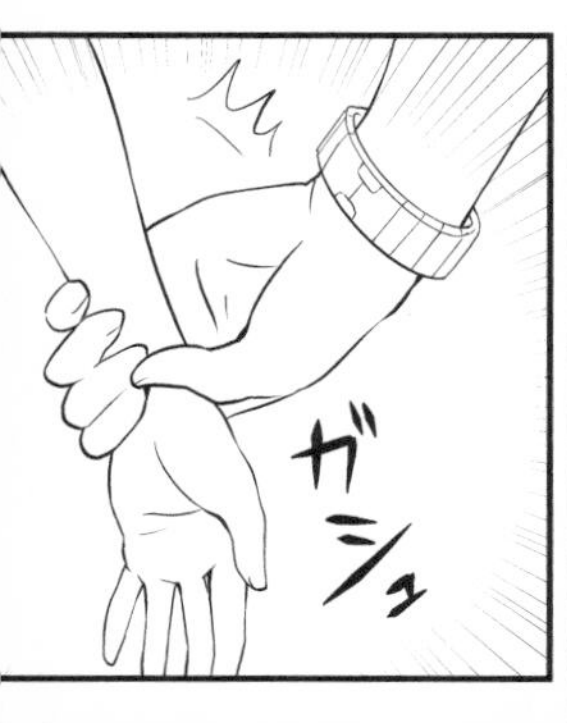
ガシュ

行こう!
ダッ
応答なし…か
誰?
この人
とにかく
ここから逃げよう!

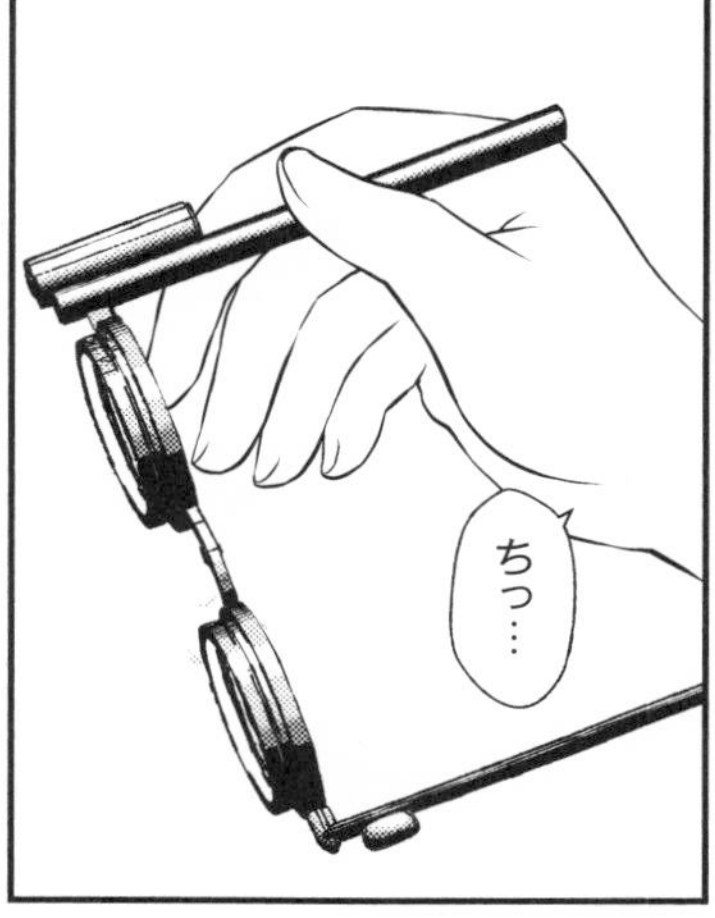
ちっ…

オファー 本部
支援お願いします

顔データの登録は
市民の義務です
登録を拒否する
行為は違法です

警視庁
市民データ登録は香港では100％上手くいった日本も楽勝のはずだったのに……

どうした?
カタ
カタ
カタ
SSD(ディスク)がクラッシュしたようです

まったく反応しない…かなり強力な攻撃です
ERROR!
接続できません

へーあの青年はただ者じゃないでしょうね
青年?
中国深セン本社に送っておいて
せめてデータの復元を依頼するしかないな

ああの…
ぜー

手が痛いんですけど…
ぜー
あ…
ぜ
ぜ

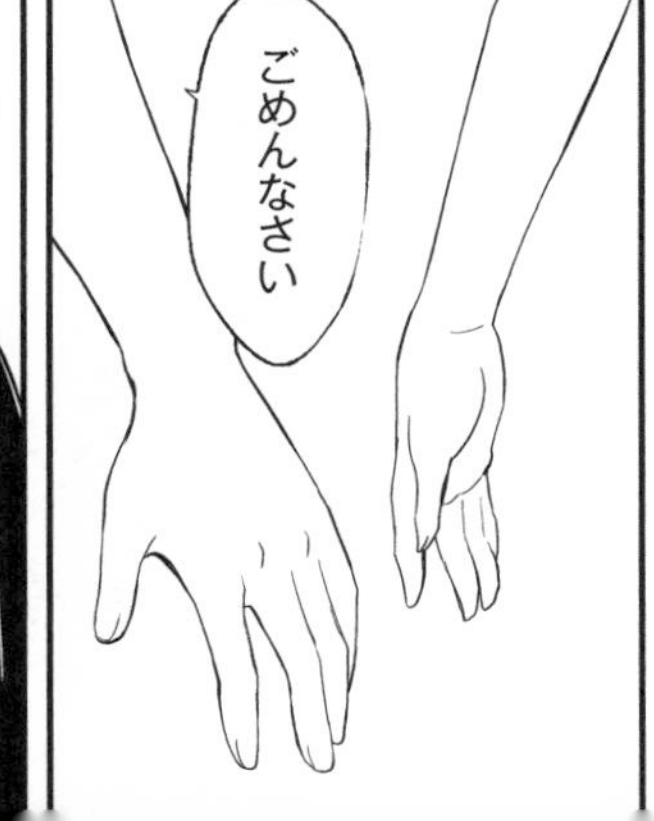
ごめんなさい

急に連れ出してすみませんでした

ううん
助けてくれてありがとうございます！

い…いいえ
ドキッ

アレが嫌なんでしょう？顔データ登録
はい

どうして私を追いかけて助けに来たの？

あのですね…

神様が僕を
召喚したの
かもしれません
日本の神様に
感謝してください
御守

あっ……!

御守は持ち主の
身代わりとなって
災いを代わりに
受けるものです

そうなんだ
八幡神社の神様が…
私を見守ってるんだ!!

ピュー ーッ
スー

ドガーン

キャッ…
なにこれ!?
ガシャーン
さっきからずっと
私たちを監視してる
やつです

これを見てください

中国DJT(タイジャン)社のドローンです
HAKVISIO
骇康威视
中身のカメラは中国HAKVISION(ハックビジョン)社の製品です

この2社もアメリカ国防省のスパイ企業ブラックリストに登録されてます
!!

Hengtian Air Base
横田
人民解放軍基地
ホォォォォ…

ゴォォォ…

ドン

ザザー

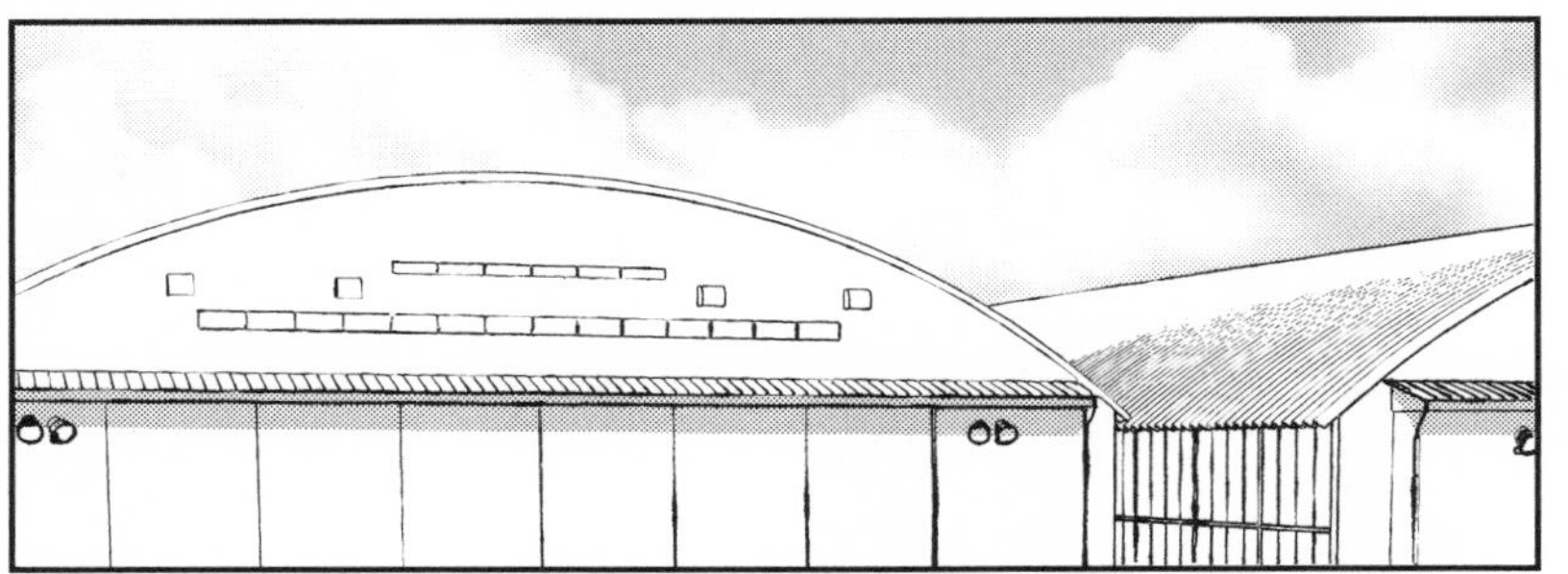

＊同志!お疲れ様です

ハハハ…
陳くん
このパイロットは
「聞く耳」を
持たないだろ

あ…
やっぱり

バッ
パイロットに
「お粥（かゆ）やり」は
頼むぞ

ラジャー
蛋白液5号
抗生素91号

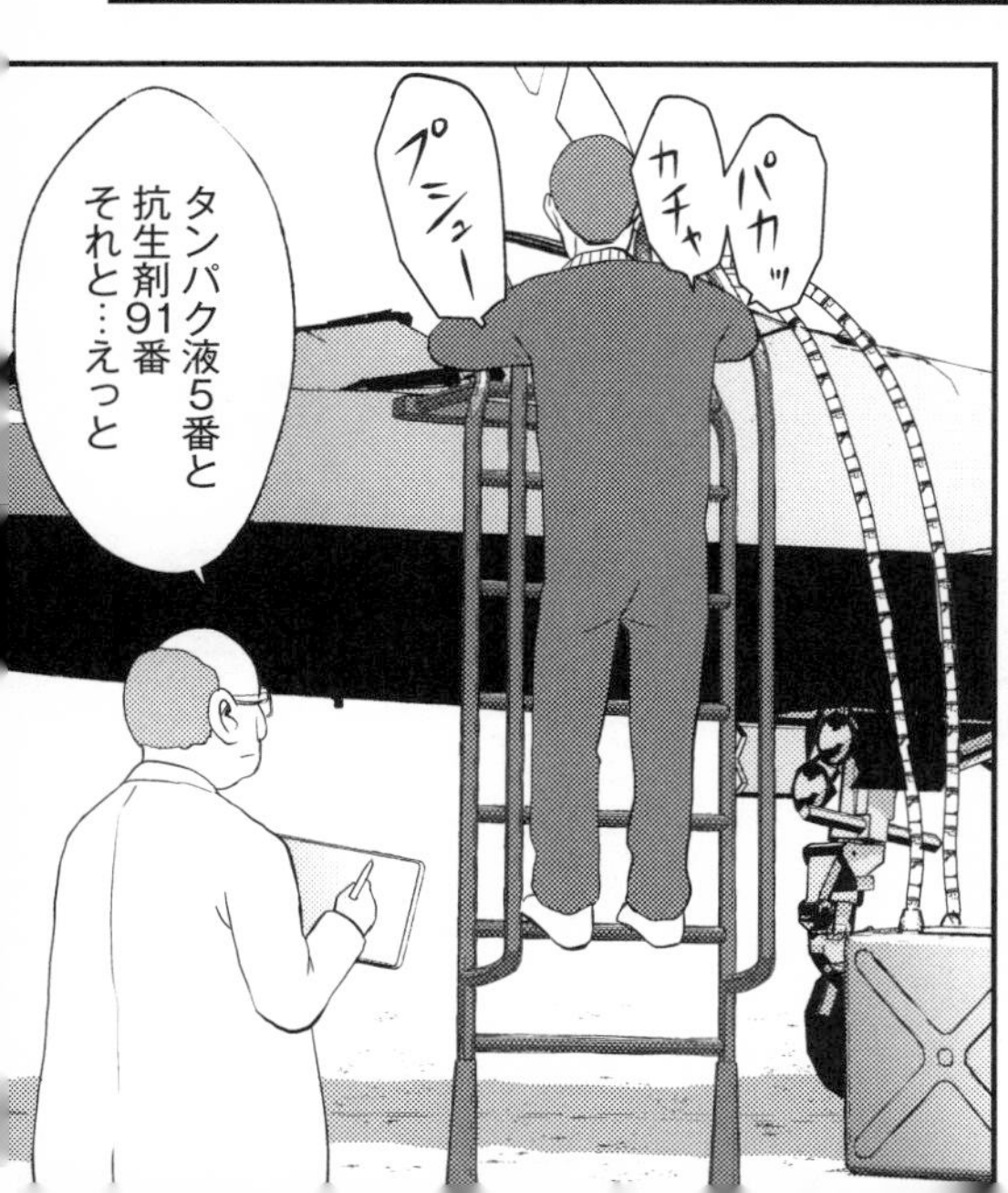
パカッ
カチャ
プシュー
タンパク液5番と
抗生剤91番
それと…えっと

抗うつ剤の投与を入れましょう

え?
まだ「心」を持っているのか……

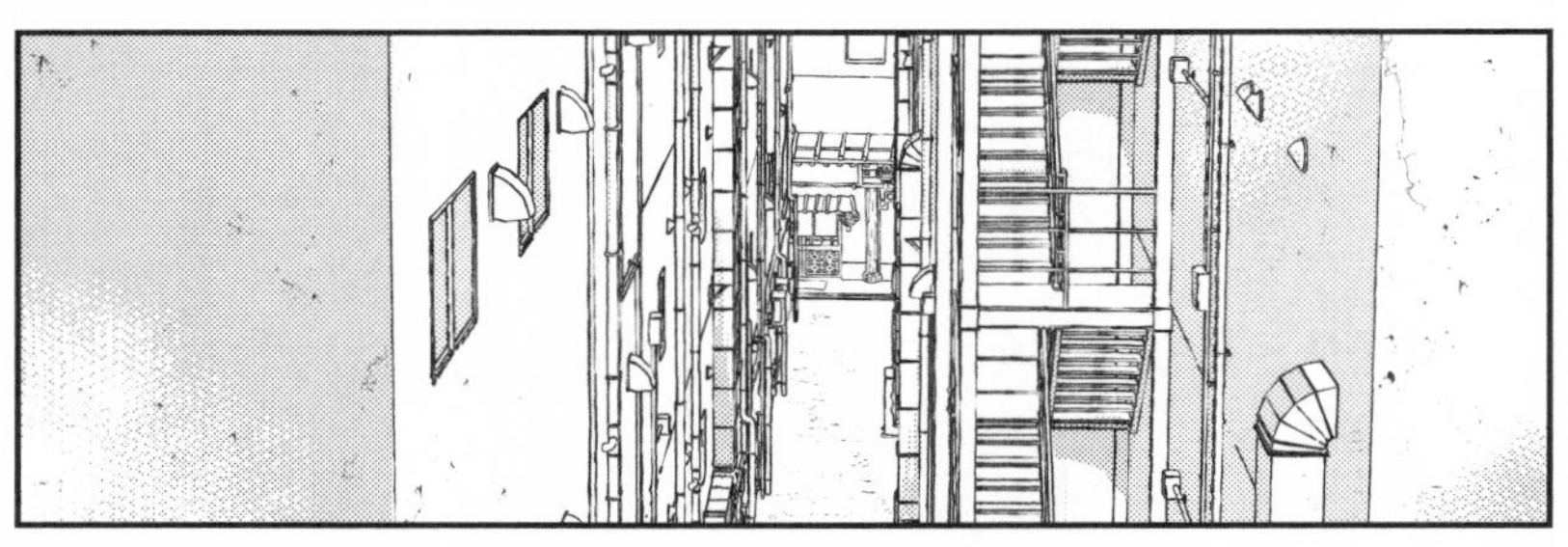

これは…
日本共産党政府が中国から輸入したドローンの配置図です

40,089
主に首都圏の人々の行為を監視してます

4万機!?

つづく

第４話 拘束

バラ
バラ
バラ

バラ
バラ

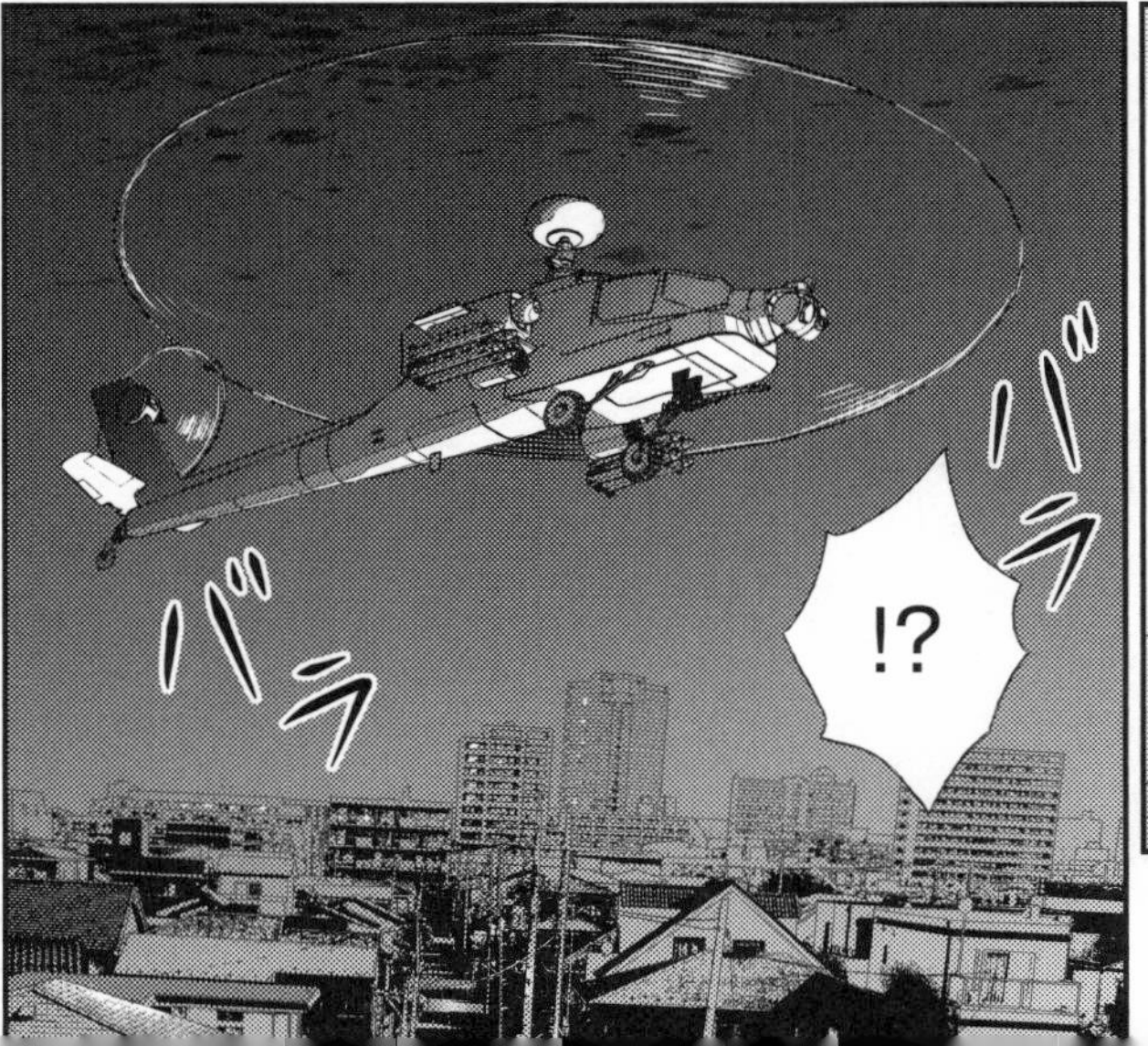
バラ
!?
バラ

バラ
バラ

お父さん
お母さん!
ガラーーッ

カチャ
菜々実

…いない

ザッ
ザザーーッ
国家の法令違反で
お前の両親と妹を
逮捕した
ザッ
え!?

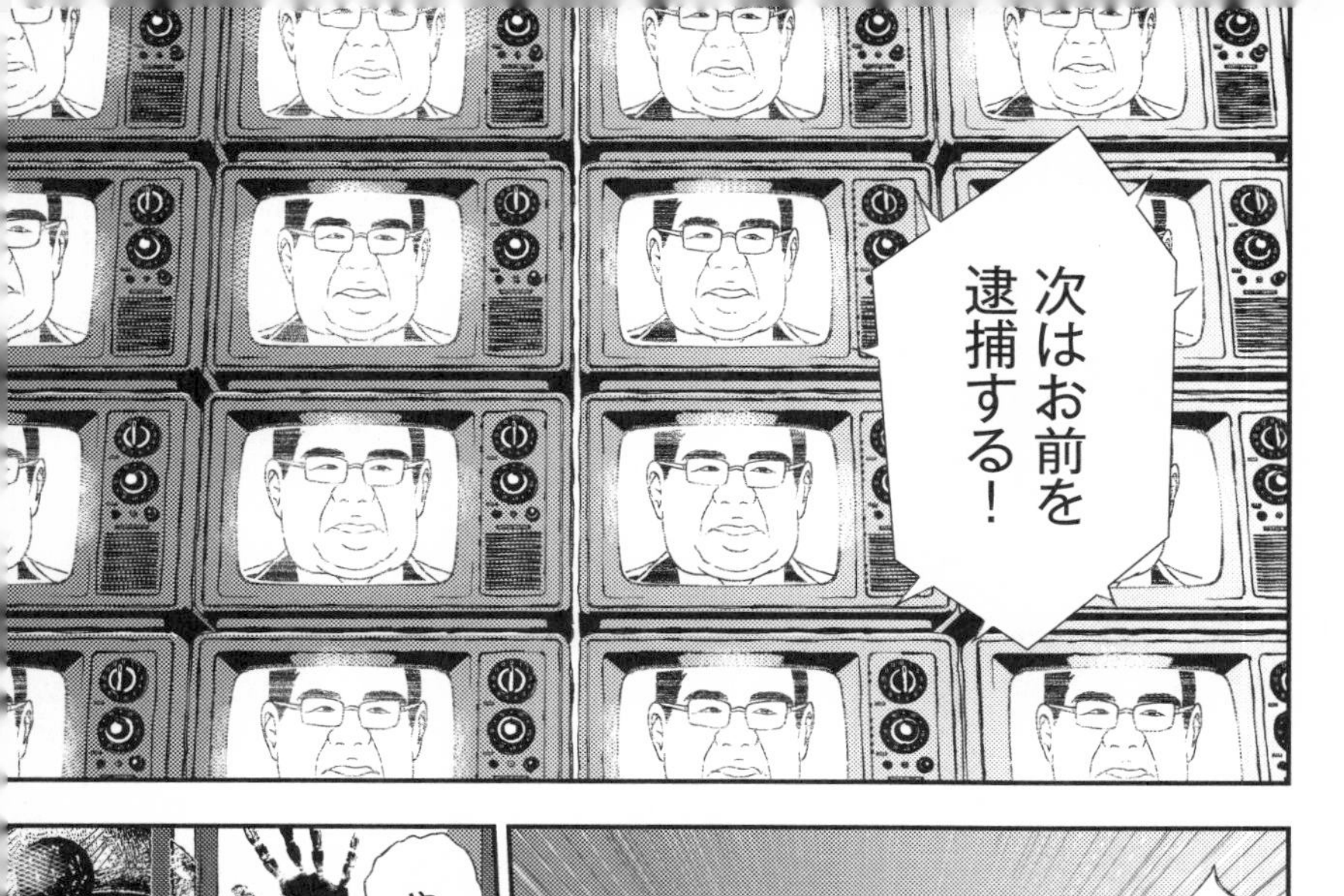
次はお前を逮捕する!

開けろ!
警察だ
ややめて
ドアが壊れそう…

また怖い夢を見た

昨日の人いったい…
あの…良かったらメールアドレスを交換しませんか？
えっ？

あっ 僕の名は
瀬戸大翔
困った時には
すぐ駆けつけるよ

あの…なぜ拳銃を
持っているん
ですか？

僕は日本を
守る兵士だ
君にも仲間に
入ってほしい

日本を守る！
私、八重咲桜
私も力を
貸したいです！
ありがとう
いつでも連絡するよ

昨日、渋谷区で
警察の電子メガネが
サイバー攻撃される
事件が発生しました
渋谷
警察にサイバー攻撃

中国ファーワイ社の
創業者・任大非氏が
記者会見を開き
犯人は
弊社の製品の
脆弱性を狙っていた
昨年から 中国深センの
ファーワイ社は警視庁に
人工知能端末搭載の
カメラ「パンダアイズ」を
提供し始めています

サイバー攻撃?
もしかして
瀬戸大翔さんが?

中国発！
犯人の顔認識AI搭載電子メガネ
弊社は1年前から研究してる第二世代の「パンダアイズ」の開発を進めています
第二世代の「パンダアイズ」
第二代的“熊猫眼睛”
日本共和国の安全を守るために
ファーワイ社の製品はとても頼もしいです
サイバー攻撃は重大犯罪です犯人を厳しく処罰します

※どうせ俺たちは行かない

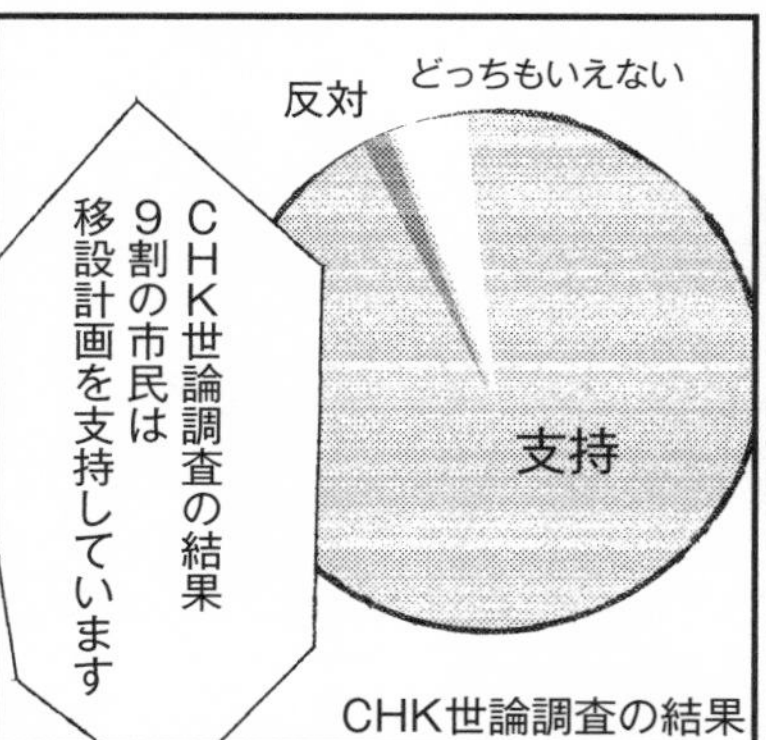

CHK世論調査の結果

明治神宮
ここにタワーマンション建設反対！

共産党政府には罰が下る！

明治神宮移設計画断固反対！

この人数は情けないな日本人よ！

反対する人はとんとん声をあげないと！

画断固反対！

仙頭さん若者はみんな仕事忙しいから無理やりデモに参加させなくても
心配するな 日本人はサイレントマジョリティーだから、いざという時に団結一致するはずだ！

こちらは原宿警察署だ

天皇制を無くす
違法集会だ！
直ちに解散しなさい！
POLICE
POLICE

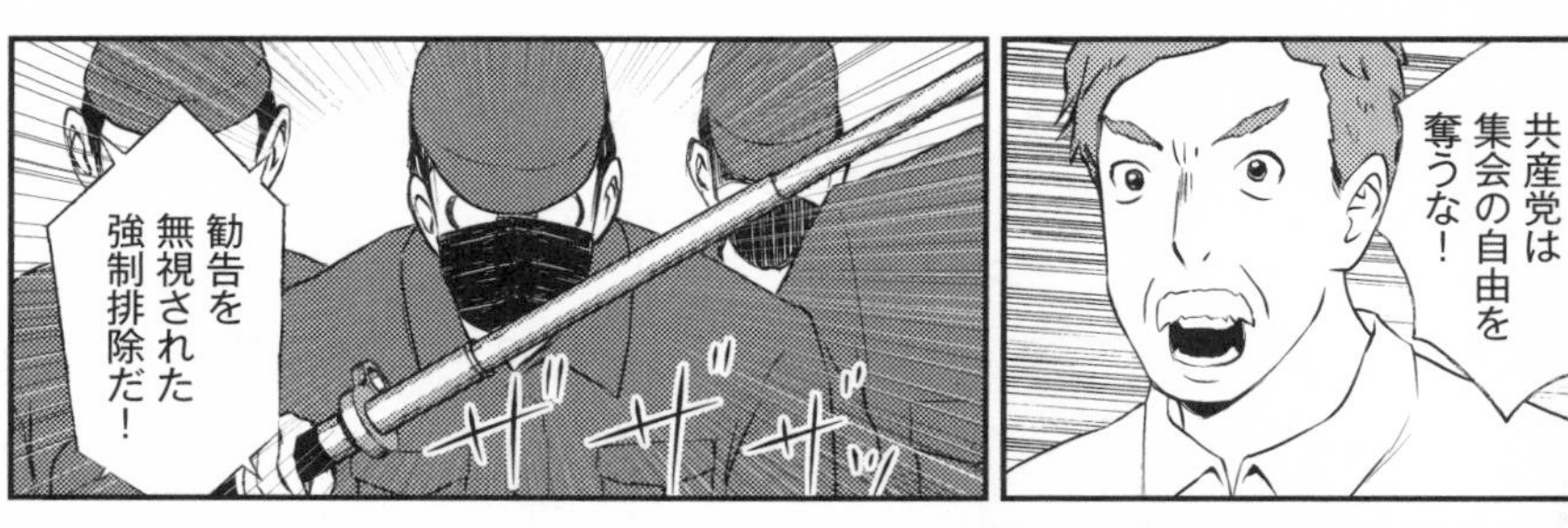
共産党は集会の自由を奪うな！
勧告を無視された強制排除だ！
ザザザッ

ドバッ
君たち日本人じゃないのか!?

お父さんを殴るな！

ギャー
日本も香港のようにする気か！

闭嘴（黙れ）・・・ゴキブリどもめが！

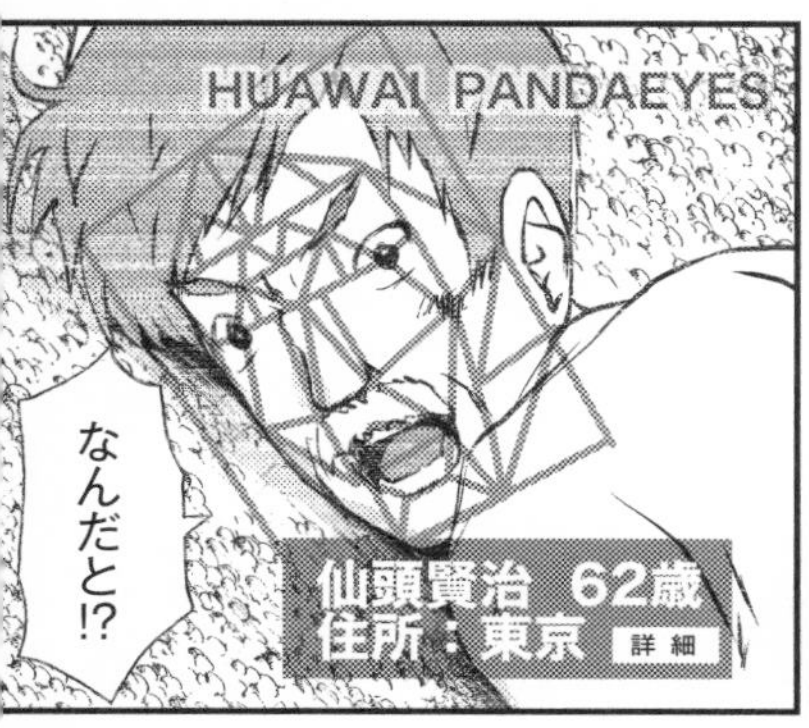
HUAWAI PANDAEYES
なんだと!?
仙頭賢治　62歳
住所：東京　詳細

漫画喫茶

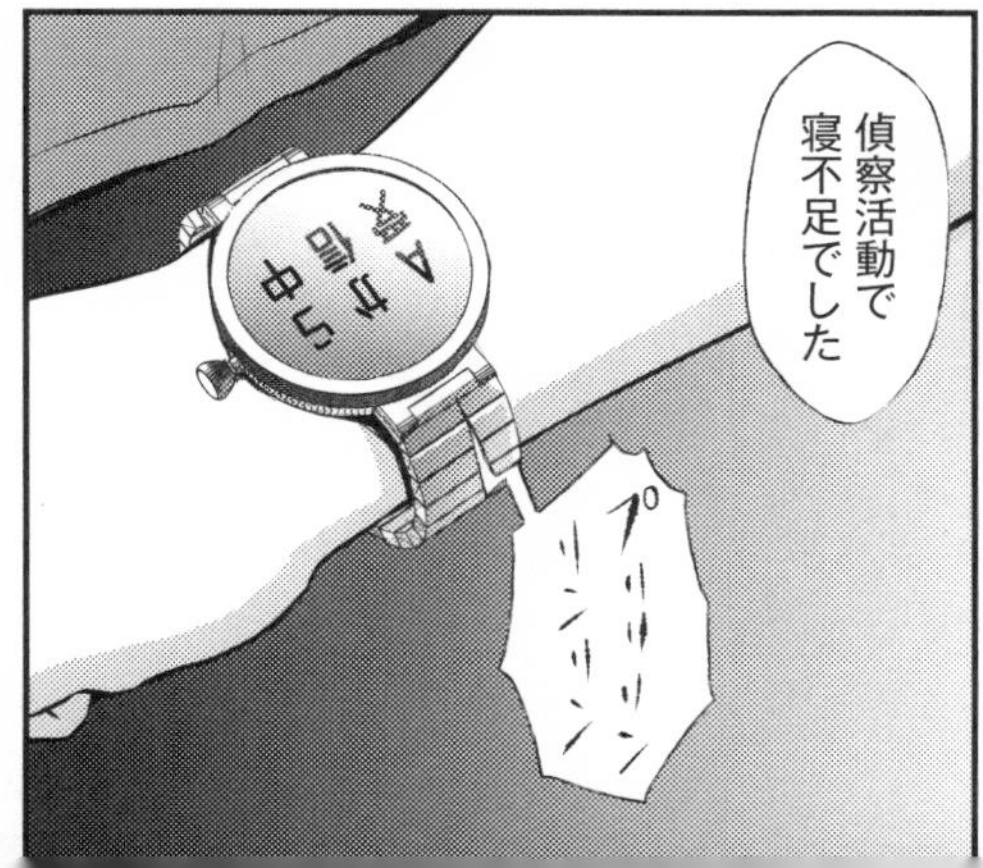
偵察活動で寝不足でした

はい
分かりました!

今すぐ墜落場所で
調べます

ねぇねぇ
汐梨ちゃん
警察に顔登録された?
ううん
何だか嫌だから
逃げたわ
やっぱりみんな
そう思うよね

八重咲さん
乗ってください

あっ
瀬戸さん…

はい!

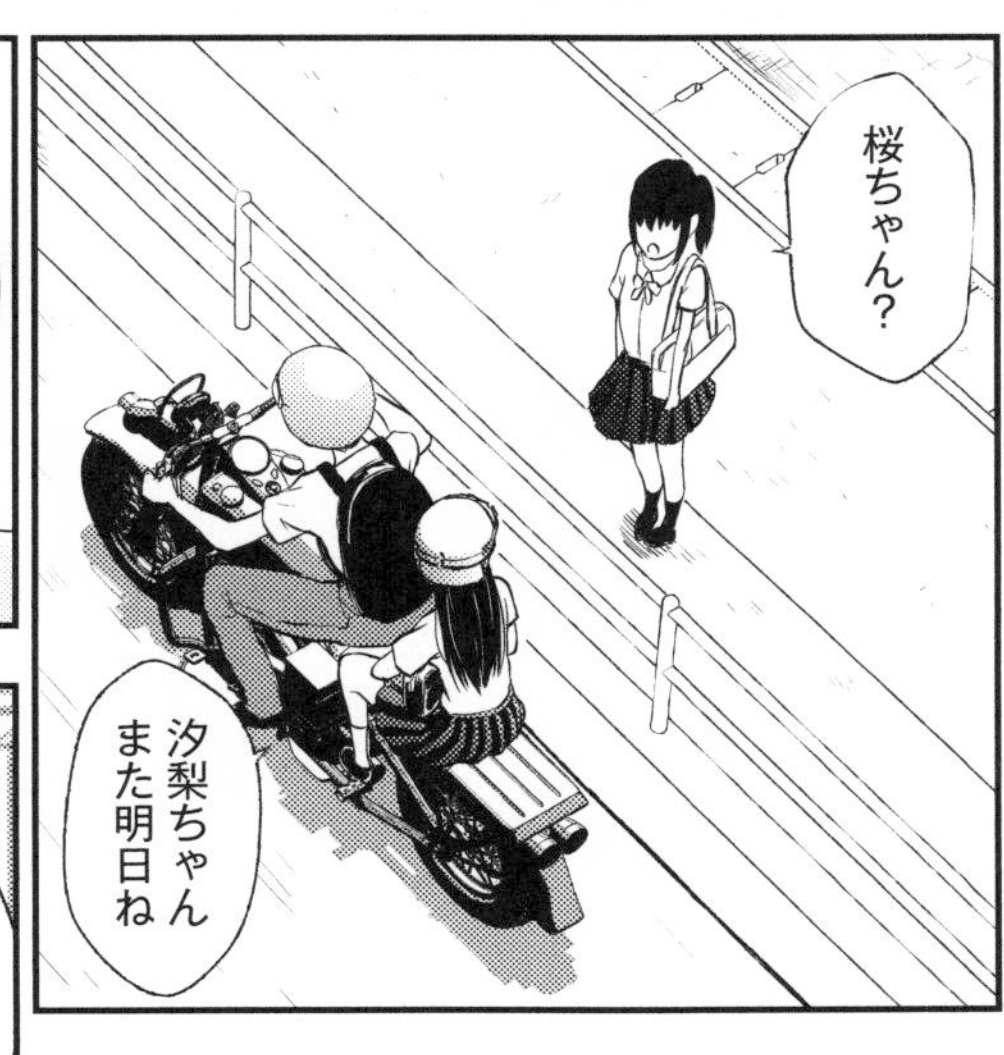
桜ちゃん?
汐梨ちゃん
また明日ね

あら
八重咲さん
の彼氏?
さあ…

斎藤汐梨さん
八重咲桜さんと
随分仲が良いわね
支付宝
Alipay
あっ
梅さん
あたしたちのフルネームを覚えてるんですか？
ええ、クラス全員も覚えてますよ

すごいな、転校した4日目で、超能力者じゃない？
中国には超能力者が多いでしょう！
梅さん美人だし憧れるわ

ふふ
これからもな・か・よ・く・してね

東京
奥多摩町

残骸確認しました
つづく

第５話 墜落

東京
奥多摩
ブロ…

あっ
あの煙の元は
残骸のはずだ

なぜ
防弾チョッキを
着るの？
パイロットは
護身用に拳銃を
持っているからだ

墜落した機体は
先日渋谷の上空を
飛んだ戦闘機と
同じ機体なんだよ
私も見ました!
怖かったよ!

ごめんね
こんな危険な場所に
連れてきて
ううん!
私は力になりたい
です!

あれだ!

ここの
位置情報を
工藤に送る
工藤？

日本を護る
仲間だよ

危ないから
なにかあったら
この防弾仕様のバイク
の後ろに隠れてね
了解！

あれは!?

髑髏(どくろ)!?

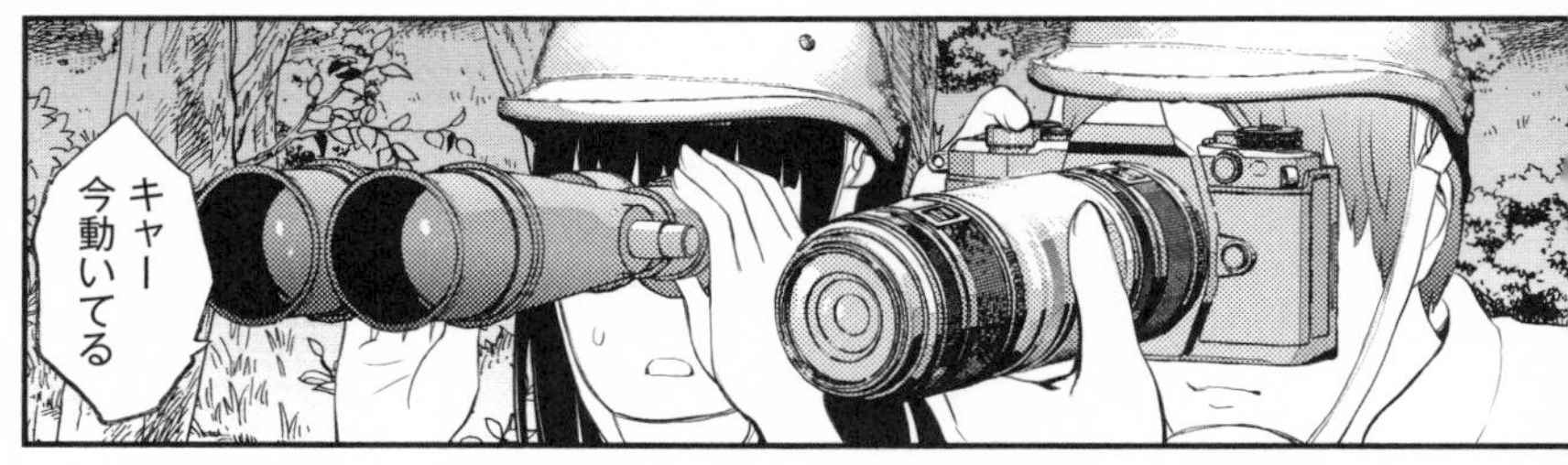
キャー
今動いてる

もうちょっと
近くに見に行く
き 気を
つけて!
まさか緊急脱出
しなくても
パイロットが
生還したのか?

ザク
ザク

シュー

うっ!
ダーン

ヴィーーッ

ヂュイーン

!?

なにこれ?
ブル

バケモノだ

自殺!?

ガン

ドサッ

ごめん
ごめん
オオオオオ

遅かったぞ
工藤

2027年
日本共産党政府が
日米安保条約破棄
日中安保条約を
結ぶことに
やったぜ
連中が来る前に
捕獲した
一部の在日米軍残留部隊と
自衛隊から離脱した
隊員はゲリラ軍化
していた

じゃないと
中国に調査権が
渡るからな
どう
いうこと?

志位主席が
日中地位協定を
結んだぞ

日中地位協定――
それは日中安保条約の
付属条約として
日本国内で起こす
中国軍による事件は
中国が優先に調査権と
最終解析権＊を持つこと
になる約束です
このロボット
動かなくなった
バッテリー
切れた?

パン
パン
パン

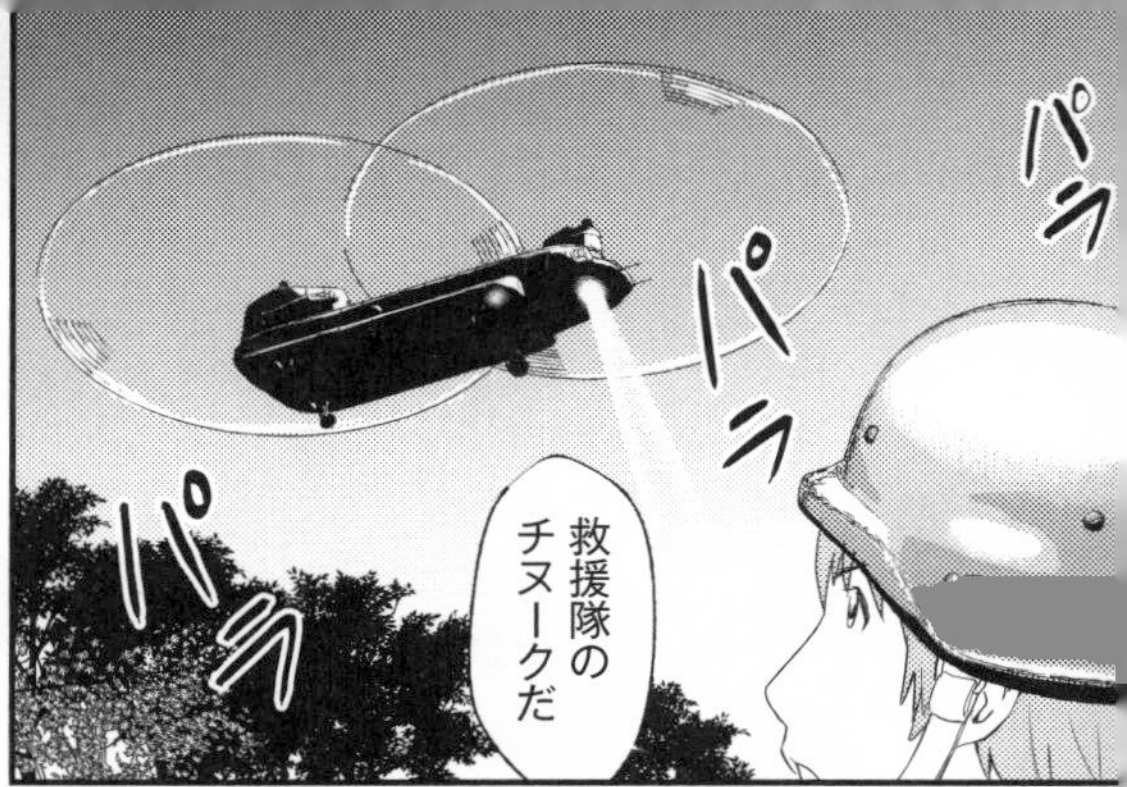
パラ
パラ
パラ
救援隊のチヌークだ

違う!あれは中国軍のパクリ機だ!

ダダダダダ

わーー早く撤収しろ!!
警告なし射撃かよ!
ダッ
ダッ

キャーッ
ガシャッ

ガン
キャー
怖い!
八重咲さん!

バイクに乗って!

おい、瀬戸!
誰? この娘は? 彼女?

しっかり捕まってください
はい!

ブローン

オオオ…
ダンッ
ダンッ
ダッ

支障なし（クリアードフォー）
離陸（テイクオフ）!!

パラ
パラ
パラ

ナメやがって…!!

ドガッ

妈的(クソ)!

ゴトゴトゴトゴト
朝4:46

緊急停車です
人身事故が
発生しました
緊急停車！
緊急

今朝未明4時46分頃に
中野区の中央線の線路で
男性が踏切に侵入し
走行中の電車と激しく
衝突して死亡しました
亡くなったのは
仙頭賢治さん、62歳
東京都長野区在住で
重度なうつ病を患い
CHK
朝8：20

警察は
「自殺の可能性が
高い」と見て調査
しています
仙頭賢治（62）

づく

ハイブリット・ウォー
超限戦事変

令和2年10月21日　初版発行

著　者　孫向文
発行人　蟹江幹彦
発行所　株式会社　青林堂
〒150-0002　東京都渋谷区渋谷3-7-6
電話　03-5468-7769
装　幀　TSTJ inc.
印刷所　中央精版印刷株式会社

Printed in Japan

ISBN 978-4-7926-0687-9